吉田類の散歩酒

吉田類・責任編集

主婦と生活社

生酒《きざけ》酌む 切子グラスに 架かる虹

はじめに

武蔵野の木立を眺めつつ、焼きトンで立ち飲む。僕の〝散歩酒〟は、JR中央線、吉祥寺界隈から始まった。ときおり、高尾山にも遊ぶ。峠の茶店では、なめこ汁と缶ビールが欠かせない。

そして、〝散歩酒〟のテリトリーは下町へと広がった。

黄昏に隅田川沿いの遊歩道を歩く。子犬を連れた老夫婦とすれ違うも、人影はまばら。波紋を曳いて水上バスが浅草へ向かう。両翼を広げた清洲橋は、深々と紺色に染まりはじめるころ。そんなとき、そぞろに下町を歩きたくなる。

下町への入り口は、古びたカウンターが存在感を放つ一軒の大衆酒場からだ。低い木製の丸椅子にまたがり、温めの燗酒を徳利で独酌する。

壁には黄ばんだ短冊メニューが
びっしりと貼ってある。
注文の声がそこここで上がれば、
店独特の〝符丁〟も飛び交う。
今や、欧米人の客も珍しくない。
喧騒と、店に不慣れな一見客の疑心が
渦巻く大衆酒場。
混沌の中、小鉢の脇で光る酒溜まりに
人知れず乾杯したっていい。
ほろ酔いついでに、
かつて遊んだ横丁へ足を延ばそうか……。
けれど、昭和レトロの趣を残していた商店街
は近代的な街並へと様変わりしていた。
交差する高架舗道橋と、
ビルの壁面に踊る大型ビジョンの映像。
絶え間なく変貌することを宿命づけられた東京。
街歩きには、どこか漂流者の視点が宿る。
「ま、いいか」

吉田類

目次

吉田類の散歩酒

変わっていく街、変わらぬ街

「吉祥寺」散歩酒

コース① 吉祥寺―井の頭―三鷹

JR中央線を代表する商業地に、井の頭恩賜公園などの自然が隣接。そんな異なる顔をあわせ持つ吉祥寺は、「少し浮世離れしていてパリのモンマルトルのよう」だと類さんは言う。映画館『バウスシアター』や伝説のライブハウス『ぐわらん堂』は惜しまれつつ姿を消したが、また新たな個性的な酒場が現れ、街の新陳代謝は激しい。この街がみせる移ろいを肴に、類さんが歩く。

吉祥寺—井の頭—三鷹の散歩地図は118Pへ

いせや総本店
東京都武蔵野市御殿山1-2-1
0422-47-1008
12:00〜22:00
火休

吉祥寺

街のシンボルであり続ける酒場

刻一刻と変貌を遂げている吉祥寺のなかにあって変わらないものといえば、井の頭恩賜公園の緑ともうひとつ、もくもくとあがる焼き鳥の煙。そう、駅から南に出て、吉祥寺通りを曲がるとすぐに目に飛び込んでくるこの煙こそが、公園と並ぶ吉祥寺のシンボルといってもいいだろう。

創業は昭和3年、当初は精肉店としてスタートした「いせや」。昭和28年の店舗改築の際にすき焼き屋を併設し、昭和33年からは焼き鳥屋の営業を開始する。それ以来、昔の旅籠かと思わせるような重厚な木造の建物と、明るいうちから店頭で立ち飲みをする酔客、それをかき消すような焼き鳥の煙は、吉祥寺を訪れる人に、ひと目見たら忘れられない強烈な印象を残す。

高校生の頃から類さんは、関西からここ吉祥寺を何度も訪れ、ときには公園でスケッチに没頭し、ときには街を散策し、この街の魅力の虜になっていく。そして、酒場巡りをするようになってからは、吉祥寺に来れば必ずこの

「ここは普通の居酒屋ではないんです」

いせや総本店 主任
斉藤茂規《さいとうしげき》さん

父親が「いせや」に勤めていたこともあり、物心ついたときから「いせや」の歴史を見続けてきた。20代から勤めはじめて20年以上。現在は、総本店を取り仕切る。今や、古くから通う類さんの唯一の顔見知り店員でもある。

「いせや総本店」に立ち寄ると言う。

「この間も、急に予定がなくなったので、玉川上水を散歩しながらついつい吉祥寺に来ちゃってね。昔よく飲んでいた頃を思い出して一杯ですよ」

現在、「いせや」は吉祥寺に3店舗をかまえる。「いせや総本店」「いせや公園店」、そして平成24年に新しく開店した「いせや北口店」だ。

新しいといえば、総本店もそう。趣のあったかつての木造2階建ての店舗は、老朽化のため平成18年にすべて取り壊され、平成20年に14階建てのビルとして生まれ変わった。ビルの1、2階の外観は、かつての面影を再現しており、旧店舗を偲ばせる。表には立ち飲みカウンター。焼き台を挟んでL字形カウンター。その奥にテーブル席が並び、2階は座敷席。店内の造りも限りなく再現されている。

店内では客が思い思いに席をとっているようであるが、それぞれ定位置があるようで、顔見知りの常連同士が楽しく杯をかたむけている。「新しくなった直後は馴染めずに一旦別の店に散っていったけど、その内みんな戻ってきちゃって」とは常連の一人。

常連さんたちの会話や佇まいが「いせや」の歴史そのもの

店内に入って驚くのは、以前の店の雰囲気がどことなく残っていること。それはとにもかくにも常連さんによるところが大きい。かつてあった煙で黒ずんだ大きな短冊メニューも、柱から手すりまでも、昔のものは新店舗には何ひとつ残ってはいないが、常連さんと1本80円の焼き鳥は以前のまま。ご近所やその周辺から、それこそ毎日足しげく通う常連は少なくはないが、その人たちが交わす会話や佇まいが「いせや」の歴史そのものでもあるのだ。

「普通の居酒屋とは違うんです。お客さんとの近さ、仲のよいところがここのいいところです」と語るのは、総本店の主任・斉藤茂規さん。かの『吉田類の酒場放浪記』（BS-TBS）のオープニングで映し出される焼き鳥を焼く手は、斉藤さんのもの。この店で働くこと20年以上の古参店員だ。5年前に亡くなった故西島店長のあと、店をまとめる斉藤さんは、「いせや」は常連さんと一緒につくってきたと言う。

「西島店長が、お客さんとすこぶる仲がよく、それがみんなに受け継がれているんだと思います。類さんもそのなかの一人。今もいせや総本店では『店長』という肩書は西島さんだけのもの。僕があと何年頑張っても、西島さんに追いつくことはできないし、店長を受け継ぐことはないと思っています」

焼き鳥の煙が、ずっと前から ここで飲んでいる錯覚に陥らせる

井の頭恩賜公園の入口に昭和35年に開業した「いせや公園店」も、平成25年に新しく建て替えられ、公園を訪れる新しい客層でにぎわっている。最近では、ガイドブックを片手の外国人旅行客もちらほら。じつのところ、公園店、総本店の常連さんは時とともにその数は減っており、昔からいた店員も

「いせや」といったら、何はともあれ焼き鳥。豚のカシラ、シロ、タン、ハツ、レバーも総じて〝焼き鳥〟と呼ぶ。そのほか、ジャンボ焼売や、最近ではガツ刺し（豚の胃袋）も名物である。

旧店舗。立ち飲みスペースのある、木造2階建ての重厚な佇まい。店の最終日は名残を惜しむ客が帰らずに、強引にシャッターを閉めたというエピソードも。

今や斉藤さんを含め数人が残るのみ。「いせや」は店構えだけでなく、客も雰囲気も徐々に変わりつつある。それでも、「いせや」は「いせや」。

佇まいが変わろうと客が変わろうと、店が培ってきた伝統は、焼き鳥の煙のなかにしみこんでいる。煙が客を包み込み、いつのまにかここでずっと前から飲んできたような錯覚を起こさせる。それが「いせや」の魅力なのだ。

そういえば、『酒場放浪記』の記念すべき第1回は、ここ「いせや総本店」だった。「吉祥寺で飲むとなれば、まず思い浮かぶのが、いせやさん」と言う類さんの言葉通り、この店は吉祥寺における酒場の代表格である。そして、昼からもくもくと立ちのぼる焼き鳥の煙は、飲んべえだけでなく、吉祥寺を訪れる人にとってどこか懐かしく、なくてはならない風景として、これからも記憶に刻まれていくことだろう。

そんな佇まいのなかで、焼き鳥で一杯やる。それが「いせや」の歴史の新しい一ページとなっていくのである。

タコの刺身をつまみにハイボールをぐいっとやる。公園の緑を眺めながら、目も舌もうれしいひと時。

いせや公園店

東京都武蔵野市
吉祥寺南町1-15-8
0422-43-2806
12:00〜22:00
月休

公園の新しい表玄関

リニューアルを境に、「これがいせや?」と見間違うほどお洒落で洗練された雰囲気に生まれ変わった。1階にはテーブル席と座敷、かつて温室のように公園の木々を眺められた席は、カウンター席となり健在。ほかにテーブル席主体の地下と2階に座敷席がある。焼き鳥はお持ち帰りできるので、公園で食べるのもいい。もちろん、1本80円。

ハーモニカ横丁

仲見世通り、中央通り、朝日通り、のれん小路、祥和通りの5つの路地を挟んで約100軒の店が並ぶ店舗街。通称、「ハモニカ横丁」ともいう。

吉祥寺

新旧が融合した進化する横丁

吉祥寺駅の中央口を出ると目の前にはロータリー。その向こうに見える「吉祥寺サンロード商店街」のアーケードには、絶え間なく人波が押し寄せている。その左前方に目をやれば、周囲と比べひときわ空が大きく広がる背の低い街並みがある。アーケードとは対照的に落ち着いた雰囲気の一角、それが「ハーモニカ横丁」だ。

すれ違いざまに肩がふれあいそうなほど狭く薄暗い路地。その両側に細かく区切られた店舗スペース。昼間の路地は、シャッターが降ろされていたり、電気が消えていたりと殺風景な印象は否めない。北側の繁華街に抜ける近道であるにもかかわらず、人通りが少ないのは、一度足を踏み入れると二度と出られないような迷宮の香りが漂っているからか。

ところが、日が傾きはじめる時間になると景色が一変する。閉ざされていたシャッターも、活気にあふれた酒場の灯りへと様変わりし、それに呼応するかのように人の流れができはじめる。

「懐かしさだけではすぐにあきられますよ」

特定非営利活動法人
ハモニカ横丁東京理事長
手塚一郎《てづかいちろう》さん

栃木県生まれ。国際基督教大学卒。株式会社ビデオインフォメーションセンター代表取締役。1998年、ハーモニカ横丁に「ハモニカキッチン」を開店。2015年現在、同横丁内に12店舗を展開中。三鷹駅前に「ハモニカ横丁ミタカ」もオープン。

そして、会社帰りの人で駅が混みはじめる時分には、目的の酒場へと向かう人たちでハーモニカ横丁はにわかに活気づく。

週末などの夜は行き来するのにも苦労するこの横丁も、十数年前は、宵の口であっても開いている店はぽつりぽつり、歩いている人もぽつりぽつり。駅前という好立地にもかかわらず、まるで再開発前夜の街並みそのものだった。それが今や、吉祥寺一の飲み屋スポットになったのは、ある一軒の店の出現が大きい。

一軒の店が横丁を変えた「ハモニカキッチン」の誕生

平成10年。当時の横丁は、食品などの小売店舗と居酒屋や飲食店、それに雑貨店などが点在する、寂れた商店街だった。その一角でビデオテープの販売店を開いていた手塚一郎さんは、店の2階で焼き鳥屋を開店する。それが「ハモニカキッチン」だ。

経営者も客も年配者がほとんどだった横丁にできたモダンな酒場は、徐々にアンテナが敏感な若者に知られるようになり、注目されはじめる。

「当時は、何軒か居酒屋がある以外は夜7時を過ぎればシャッター通りだった。そこに最先端の店構えで飲み屋をつくったら面白いんじゃないかと思ったんです」

当時から、この横丁を盛り上げるにはどうすればいいかと考えていた手塚さん。店の横の魚屋が廃業すると、そこに「FOOD LABO」という、焼鳥屋、カフェ、食品、雑貨などを集めた、食べ物をキーワードにした店を開く。すると、さらに若者を中心に人が集まり出し、横丁の雰囲気が次第に変わりはじめた。

もとは、戦後の闇市をルーツとするハーモニカ横丁。その名の通り、間口の狭い小さな店がハーモニカの吹き口のように建ち並び、今もなお古き良き昭和の佇まいを残している。平成27年現在、横丁の店舗数は約100軒。そのうち手塚さんが手がける店は12店にのぼる。古さのなかに新しさが融合し、この横丁は今や東京のみならず、全国でも知られるほどの存在となった。

横丁の未来について酔っ払い2人の夢は広がる

横丁の魅力は、狭いがゆえに人と人の距離が近いこと。現在の盛り上がりは「人との触れ合い」が見直されている証ではあるが、問題がないわけではない。ただ、この「場所」だからこそできる面白さがあるという。時間があれば、横丁ならではのイベントや話題づくりなどのアイデアを思い描く。

「コムデギャルソンを半年でもいいから横丁に連れてこようとしたけど、ぜんぜん相手にされなかった。頭きたけど、いつかは向こうから来てくれるんじゃないの」と手塚さんは笑う。

横丁をこよなく愛する類さんとは、横丁の活性化で意気投合の仲。

「類さんがたまたまハモニカキッチンに立ち飲みに来たとき、偶然プロジェクターで彼の番組を映していて声をか

「てっちゃん」(17P)のにこみ、420円。味噌ベースでほどよく煮込まれたモツと豆腐の相性が抜群。そのほか、串は1本110円から。ビールは530円。エビスの生に類さんもご機嫌。

「横丁のある街には、街の個性がある」

ハモニカキッチンの3階テラス席から眺める密集する屋根は、肩を寄せ合って飲み集う人の情を表しているかのようだ。これこそが、横丁のよさであり、それがあるからこそ、この横丁に、この街に人が集まってくるのである。

けたのが最初でね。それ以来、面白い焼肉屋が中野にあるよとか、おじちゃんおばちゃんがやっているマイナーな酒場があるよとか言って、一緒に飲みに行く仲間」

　飲んべえ同士のお酒つながりで、類さんとは横丁についていろんな話が広がっていくという手塚さん。今後の横丁の未来についてはこう語る。

「昭和レトロという懐かしい雰囲気だけでは、そんなに長く続かないと思います。物語としては先がないから。それよりももっと謎めいたものが面白い。12店舗をやった結果として、どこも同じような店になりつつあるので、もうちょっと違う横丁をやりたい人たちと、どんどん一緒に盛り上げていければいいかな」

　何度も酒場で顔を合わせているけれど、互いに酔っぱらっているため何を話したか最後はいつも覚えていないという、手塚さんと類さん。いつも初心の気持ちで、横丁話が盛り上がるのである。

酔っぱらった類さんが最後にたどりつく店!?

開店当初は週末のみのオープンであった。焼き鳥屋ののち、レストラン兼カフェとして営業を続け、オープン以来かたちを変えつつも横丁に新しい風を吹き込んだ、まさしく横丁の看板店。ランチ営業もしており、カウンターの上に大皿料理が並ぶバイキングスタイル。1階は立ち飲み、2階がカウンター席。3階のテラス席からは横丁を俯瞰で眺めることができ、通常では見られない景色を堪能できる。

　吉祥寺で飲むときは最後に訪れ、ここでいつも記憶をなくすという、類さんお気に入りの店。

ハモニカキッチン

東京都武蔵野市吉祥寺本町
1-1-2　0422-20-5950
11:30～24:00
金・土・日　11:30～翌1:00
無休

隈研吾建築の革命的やきとり屋

横丁随一のオープンエアの焼き鳥屋。焼き台を囲む大きなカウンターでは、老若男女が今宵もにぎやかに酒を酌み交わす。2015年4月、世界的に注目される建築家の隈研吾さんがインテリアデザインを手がけ、リニューアルした。

　内装には、リサイクルしたLANケーブルや溶け残ったアクリルを用い、独特の浮遊感を演出している。アバンギャルドなインテリアは、焼き鳥屋をまったくイメージさせず、混沌とした横丁の雰囲気を別次元で表現している。壁の斬新で刺激的なイラストは、元祖ヘタウマ、湯村輝彦さんによるもの。

てっちゃん

東京都武蔵野市吉祥寺本町
1-1-2　0422-20-5950
16:00～23:00
土・日　15:00～23:00
無休

誰もが笑顔に横丁の古参酒場

ささの葉

東京都武蔵野市
吉祥寺本町1-1-4
0422-22-7676
19:30〜00:00
不定休

刺身盛り合わせ(上)2000円：赤貝、まぐろ、たこ、ほたて(仕入れによる)。牛すじ大根煮(右)：丸1日煮込んだ牛すじはやわらかくてコラーゲンたっぷり。昆布は北海道の羅臼産を使用。ほか、その日の食材でお任せ多数。

店主の気っ風のよさがあふれる大皿料理

創業から40年。カウンター7席と表のテーブル席が、開店と同時に埋まる人気店。決まったメニューはないが、店主が作るお任せ料理にハズレはない。とくに魚介類は絶品。カウンターのショーケースには、いつもその日仕入れた新鮮な魚がずらりと並び目移りする。一品が大皿でかなりの量だが、何故だかペロリと食べられてしまう。

日本酒は類さんの故郷・高知の酒「司牡丹」のみ。一見、入りづらそうに見えるが、類さんもぶらりと訪れる、入ってしまえば極楽の横丁の奥座敷。

白い髭がトレードマークの店主・中村純道(なかむらじゅんどう)さん。その人柄にひかれて、リピートする客があとをたたない。

類さん曰く「横丁の料亭」

酒処はんなり

東京都武蔵野市
吉祥寺本町1-1-8
0422-29-7458
17:00〜23:30
土・日・祝　15:00〜23:30
不定休
2階団体席有り20名まで
要予約

ハモと明日葉天ぷら（右）880円：季節のおすすめ。はつもと（中）2本390円：数羽分からようやく1本とれる希少部位を使った看板料理。旨々ねぎ盛り（左）390円：ねぎのナムル。しゃきしゃきしたねぎの旨みが酒にあう。

類さんもお気に入り 着物が似合う美人女将

小さい頃に見たドラマの小料理屋の女将に憧れ、オープンエアな小料理屋をコンセプトに２００８年開業。通りに面してカウンター席が並び、開放的だけど落ち着く空間は、類さんをして「着物姿の美人女将がいて、まるで料亭に来たような雰囲気」と言わしめた。料亭をやっていた京都出身の祖父にちなんだ店名どおり、にぎやかな横丁の中で、ゆったりと飲める雰囲気が心地よい。

　今宵も女将さんを慕ってくるお客が、静かに語りあいながら杯をかたむける。

和風美人の女将・西村雪路（にしむらゆきじ）さん。OL時代に飲み歩いた経験を活かした料理は、酒の肴にぴったり。

吉田類の〝街〟を愉しむ極意！

一、まずは街の成り立ちを知るべし

多くの人が関わり、いろんな変遷があって、今の「街」がある。その街の歴史を知っていると、散策は数倍も愉しくなる。散策の前に街の図書館に立ち寄って、地域の歴史を調べてからスタートするのもおすすめだ。古地図を手に入れ、「昔ここは川だったのか」、なんて在りし日に思いを馳せながら、今の姿と比べて歩くのもいい。

二、路地にこそ、その街の個性がある

その街らしさを感じたいなら、大通りより脇道へ進路を変えるといい。迷ったり、行き止まりに突き当たったりするのも冒険だ。きれいに整えられたメイン通りにはない、そこで暮らす人たちの〝顔〟が見えてくる。自分だけの「隠れ家」にしたい、好みの酒場やお店を発見してみよう。

三、この街で暮らしている気分で歩く

特別な観光地やスポットではなく、ごくごく普通の商店街をのぞくのも散歩の愉しみのひとつ。まるで夕飯の材料でも買いに来たかの気分で、八百屋さんなどに入ってみる。店主と会話を交わしてみれば、地元の人しか知らない情報が飛び込んでくることも。そんな縁を大切にしたいものだ。

四、好奇心を持って、景色を見直してみる

東京に初めてきた人は、そびえ立つ高層ビル群に驚くという。ところが、数年も住んでいればそれは当たり前の風景と化す。それはパリだって、京都だって同じだ。大切なのは、好奇心。ありふれた景色も少し角度を変えて見るだけで、新鮮な眺めになる。東京の下町散歩は、海外旅行に行くよりも面白い。

五、賢い靴選びで疲れしらず

当たり前だが、散策には履き慣れた靴で出かけたい。ちなみに、類さんはダナーのブーツを愛用。街歩きはもちろん、「そうだ、山に行こう」と思い立ったときも問題なく登山できるとのこと。ポイントは、履き心地の軽さと、歩く衝撃を吸収してくれるクッション性の高さ。もう少し歩こうという気分にさせてくれる相棒をみつけたい。

井の頭 ゾウの「はな子」に会いに

井の頭自然文化園
東京都武蔵野市御殿山1-17-6
0422-46-1100
9:30～17:00（入園16:00まで）
休み：月曜日（月曜日が国民の祝日や振替休日、都民の日の場合は、その翌日が休園日）
年末年始（12月29日から1月1日）

またひとつ
星の流るる
ゾウの背に

はな子
1947年タイ生まれ。戦争中に猛獣処分された、上野動物園のワンディの日本名に由来。好きなことは、ホース遊び。

「久しぶりに、はな子に会いたい」と類さんが訪れたのは、井の頭恩賜公園に隣接する井の頭自然文化園。はな子とは、国内最高齢68歳（2015年現在）のアジアゾウである。老いによるシワや白い斑点は目立つものの、同園不動の人気No.1アイドルとして、天気がよく体調のよい日は外に姿を現す。

類さんはその昔、はな子に関する記事を執筆していたこともあり、足繁くはな子に会いに、ここを訪れていた。

「はな子は心を癒し、励ましてくれる存在」と類さんが言うように、「はな子〜！」「はなちゃ〜ん！」と、子どもばかりか大人からも声援が飛ぶ。「親子3代ではな子のファンという方もいらっしゃいます」とは、園長の永井《ながい》清《きよし》さんの談。

戦後の希望を背に はな子は今日も元気に暮らす

はな子は40代でほとんどの歯が抜け落ち、もう1本しか残っていない。「戦後の食糧難の時代に栄養状態が悪かったことが原因でしょうね。飼育係がバナナやニンジン、キャベツなどを細かく刻み、小さく丸めてあげています」と園長。はな子の1日の食事量は約50kg。はな子をはじめ、ここで暮らす動物たちは飼育係の人たちの愛情に守られているのだ。

「はな子は平和の象徴です」と園長は続ける。その真意は、はな子がこの文化園にきた経緯による。

太平洋戦争が始まって間もない1942年5月17日に、井の頭自然文化園は開園。当初は井の頭池のほとりにあった動物園を拡大し、キリンやライオンなども飼育する野外博物館を予定していたようだ。しかし、戦争の影響で計画は縮小され、家畜などの畜産動物も多く展示されることとなる。ちなみに、当時の「文化」という語句は「教育」の意味合いを持っていた。

はな子が日本にやってきたのは、開園から7年経った戦後のこと。戦時中に猛獣処分が行われ、上野動物園のゾウ3頭も姿を消していた。「本物のゾウが見たい」という子どもたちの要望で、タイから友好の証として贈られたのが2歳のはな子。しばらくは上野動物園で暮らすが、井の頭周辺の市民の強い要望で井の頭に移ることとなる。

戦争のため、愛する動物を見殺しにするしかなかった人たちの後悔と悲しみ、そして戦後の希望、いろんな思いを背に、はな子は成長してきたのだ。

生き物たちを身近に感じられる幸せを忘れずに

「動物と人間が近い距離にいられるのは幸せ。現代では動物園でなければむつかしい」と類さんはつぶやく。

「昔の遊び場だった野山を思い出すように、大人も子どもに戻って楽しんでいます。『いきもの広場』などでは、普段虫を触れない人も、平気で触れるんです」と、園長は顔をほころばせる。園内で過ごした動物たちとのひとときが、私たちを元気に優しくしてくれる。

「また会いにくるよ」と、類さんははな子に声をかけ、ゾウ舎を後にした。

はな子だけじゃない！

井の頭自然文化園
園長のおすすめポイント

園長
永井清さん

あまり知られていない、隠れた園の見どころを紹介！ 園長の至福の時間は、新緑の時期などに彫刻園あたりでお弁当を食べることだそう。

！日本産の動物を多く飼育

日本産の動物が多い。『リスの小径』では、放し飼いにされたニホンリスが走り回る姿を間近に見られる。寄り添って日向ぼっこするアカギツネ（ホンドギツネ）。アカゲザルが暮らす『サル山』では、毛づくろいしたり、追いかけっこをする子ザルの微笑ましい姿も。また、『いきもの広場』（日曜11～12時開場、11～3月は第2日曜のみ）では、チョウやカブトムシ、クモ、トカゲ、カエルなど約200種類もの生き物に出会える。

！平和な動物園に残る戦争の跡

「木にハートが浮かんでいる」と、時折カップルが撮影している赤松。じつはこれ、戦争末期に「松根油（しょうこんゆ）」として松ヤニを飛行機の代替燃料に採取した跡。松1本からとれる油で飛行できる時間はわずか十数秒。実際に使われた記録はないが、資源に困窮していた当時の状況が窺える。

! 都会のオアシスに癒される

「ぜひ句会を開きたい」と類さんも魅了された『童心居』は、童謡『赤い靴』『シャボン玉』などで知られる詩人・野口雨情の書斎を移築したもの（右）。その庭内にある水琴窟（すいきんくつ）（上）。筒に水滴を落とすと音が反響する仕掛け。「心に沁み渡る音色が聞こえる」とは類さん談。

! 長崎の平和祈念像が井の頭に！

平和祈念像の原型が園内の『彫刻館』にあることはあまり知られていない。類さんは、ここで原型を先に見て、長崎の像を見たとのこと。彫刻家・北村西望は長崎市の依頼を受け、園内のアトリエで像を制作。ここは彫刻と武蔵野の雑木林が一度に楽しめる穴場エリア。

! 晴れた日ははな子カフェで休憩

ゾウ舎近くの売店『はな子カフェ』や、正門横の『こもれび』では、雑穀ごはんの薬膳カレーライス（700円）、ポテト（290円）、生ビール（550円）などの食事が楽しめる。はな子を模した「ぞうさん弁当」（580円）も人気メニューのひとつ。青空の下ベンチに座って、はな子を眺めながらビールでのどを潤す、最高です！

井の頭恩賜公園
陽だまりでひと休み

動物との触れ合いで癒されたら、公園を散策。ここでも類さんは一杯できる休憩所へ。陽の高いうちにやる一杯は心と体に染みわたる。

SubLime《さぶらいむ》 井の頭公園店

東京都三鷹市井の頭4- 1-11
水月ビル2F　0422-48-7734
11:30～14:30
(平日ランチは予約のみ)
17:00～22:00
土・日・祝11:30～22:00

七井橋のたもとにある、茶屋を改装した創作和食店。池や緑を堪能できる絶好のロケーション。類さん曰く「掘りごたつ席から眺める景色、美味しい料理に日本酒。ついつい休憩が長くなってしまう」

牛ホルモン煮こみ(右上)1200円:小腸と蜂の巣と野菜を、ニンニクをきかせてじっくり煮んだ逸品。和牛のたたき(左上)1400円:国産和牛をおろし大根でさっぱりと。生ソーセージのソテー(左)550円:生のソーセージにこだわり、とってもジューシー。

黒龍(右)徳利790円・グラス650円:福井県を代表する日本酒。吟醸香とくせのない味わいが人気。すず音(左)ボトル1300円:口当たりなめらかな発泡清酒。このほか、こだわりの日本酒がずらり。

1834（天保5）年の『江戸名所図会』にも描かれている、園内最古の茶屋。弁財天近くに佇む。御殿山の麓に位置するため、緑で覆われ、池を眺められるテラス席が心地いい。太宰治もよくここに立ち寄ったそう。

井泉亭《いせんてい》

東京都三鷹市
井の頭4-1-7
0422-47-6875
11:00〜16:30ごろ
金休（雨天休業）

スパイシーカレー（右）700円：じゃがいも、にんじん、豚肉がゴロッと入った昔懐かしい味のカレー。先代が海軍の人から教えてもらったレシピをご主人がアレンジ。ビール中瓶500円。見るだけで涼やかな気分にさせる、ところてん400円（上）。

約80年前のカキ氷機（左）は、モーターがつけられ、今も現役で活躍中。この店の歴史を感じさせる。店内には、常連の画家が描いた茶屋の絵などが並ぶ。

文豪の〝最期〟に思いを馳せて

玉川上水を三鷹へ ぶらりと歩く

井の頭恩賜公園にほど近い万助橋《まんすけばし》から三鷹駅へ続く「風の散歩道」は、玉川上水に沿った緑豊かな散歩コース。この界隈は小説家・太宰治をはじめ、文豪が暮らした跡が数多く残っている。

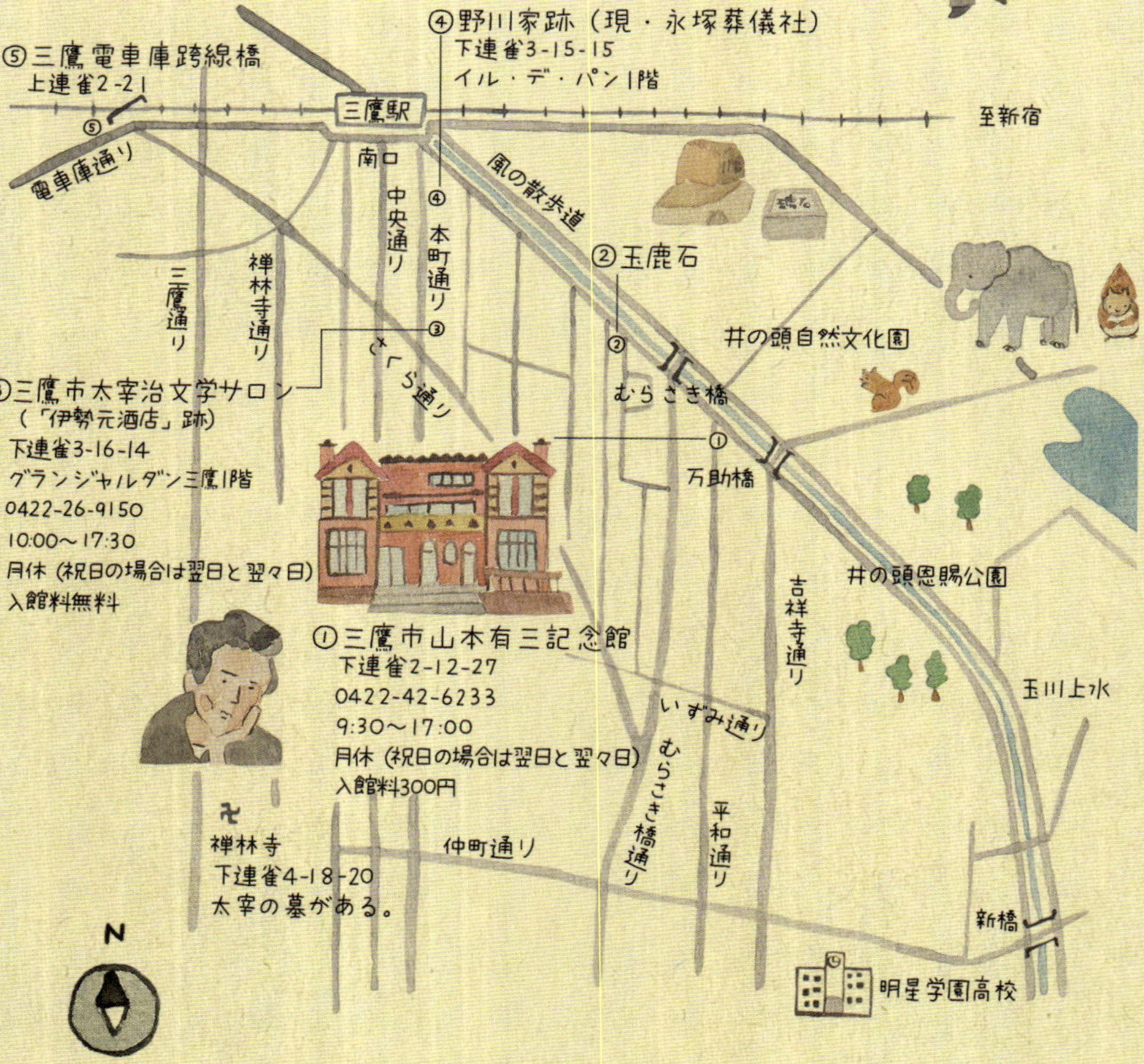

1 『路傍の石』山本有三の住居

作家・山本有三が暮らした洋館（現・山本有三記念館）。ここで代表作『路傍の石』が執筆された。この近くに、太宰が2回目の結婚生活を送った家もあった。

2 太宰治、入水の地

むらさき橋を少し越えたところに、太宰の故郷・金木町（現・青森県五所川原市）の県天然記念物『玉鹿石（ぎょっかせき）』がある。太宰が入水自殺を図ったのはこの辺りと考えられる。

3 "太宰"を知るならココ

太宰が通った伊勢元酒店の跡地は『太宰治文学サロン』となり、今も多くのファンが訪れ、交流・情報発信の場になっている。

4 太宰、最後の仕事部屋

太宰が最後の仕事場とした野川家跡。現在は葬儀社になっている。深夜、遺書を残し、愛人・山崎富栄（やまざきとみえ）と姿を消した。

5 昭和初期そのままの姿が残る陸橋

太宰の『人間失格』にも登場する跨線橋（こせんきょう）。1929年に造設、当時は珍しかったコンクリート造りの陸橋が現存している。階段を降りる、マントを羽織った太宰の写真が残っており、類さんも同じポーズで一枚！

グッバイを
鞄に詰めて
冬の旅

ほぼ無垢な感性で太宰作品に親しんでいた頃。夢中となれたのは、太宰の表現力に魅了されたからだった。一方、彼が自ら引き起こしたスキャンダラスな側面に、生理的な違和感を覚えてしまう。そんな複雑な印象を抱かせる太宰へのオマージュを込めて詠んだのが冒頭の句だ。「グッバイ」は彼の遺作『グッド・バイ』と掛けたもの。死を〝軽み〟で捉えるなんていうのは、俳句における究極の表現である。

太宰も玉川上水をよく散歩したようで、著作『乞食学生』には「青葉のトンネル」と記している。今でもその通りに、桜や新緑などを愛でることができる場所だ。

さて、太宰が入水したと考えられるむらさき橋付近から玉川上水を眺めると、水量の少なさに「これで、なぜ死を遂げられたのか？」と疑問を感じるだろう。しかし、かつての玉川上水は「人食い川」と呼ばれ、いまの約3倍もの水量があり、流れも急で深かったそうだ。太宰と愛人の富栄さんの遺体は腰紐で結ばれたまま約1.4キロ下流の新橋付近で発見された。2人の最期は、シェイクスピアの悲劇『ハムレット』の王子の恋人・オフィーリアが川を流れ死にゆくシーンと重なる。

さらなる疑問が、「なぜ太宰はここを終焉の地に選んだのか？」だ。仕事場から入水現場までは歩いてわずか5分ほど。「死を前にして、もう少し惑えよ」と思わず心の中で呟きたくなる距離だ。嫉妬深い富栄さんが別れを予感し、太宰に薬を飲ませたという説もあるが、もはや真相を知る術はない。

散歩の最後はぜひ跨線橋へ。太宰のお気に入りで、「いいところがある」と編集者や弟子を案内したという。かつての武蔵野台地、移ろう街並み、沈む夕陽……。太宰が眺めた景色に思いを馳せ、今宵は太宰に一献捧げたい。

秘伝のタレに唸るばかり

婆娑羅《ばさら》

東京都武蔵野市中町1-3-1
桜井ビル1F
0422-54-1666
17:00〜23:30(L.O.22:00)
土　17:00〜21:30 (L.O.21:00)
日・祝休

もつ焼き(上)各95円：左からレバー、かしら、たん、しろ。もつの味噌煮込み(中)500円：さっぱりした食感。しめさば(下)630円：類さんの大好物。

5年前に散歩の途中にぶらりと来たという類さん。店名はインドの古い言葉に由来し、風流に遊び、派手にふるまうという意味。酒に酔い、傍若無人のふるまいも許すという、店主の心意気が込められている。「でも、オレがいちばん傍若無人だから(笑)」とは店主。

店主のこだわりが詰まった店

「玉川上水の散歩のあとは必ず立ち寄る」と言う類さん。縄のれんをくぐると、大きなコの字形カウンターが広がる。店主・大澤伸雄《おおさわのぶお》さんが独学でカウンターの高さまで考えたという、こだわりの内装。

小説『居酒屋兆治』のモデルとなった、谷保《やほ》の名店「文蔵」の流れをくみ、秘伝のもつ焼きのタレが受け継がれている。店主が趣味で集めたクラシックやロックのBGMが流れ、居心地の良さを増す。

青春時代を懐古

思い出の酒場探訪記

かつて足繁く通った吉祥寺。
その中でも思い出深い店を類さんが久々に再訪。
「サムタイム」では、若かりし日を思い出し、
オーナーの満理子さんと話がはずむ。

あの頃、吉祥寺といえば「サムタイム」でジャズだった

吉田類（以下、吉） 何年か前に、オーナーだった野口伊織さんが亡くなられて、奥様が継いでいると耳にしていました。お会いしたいと思っていたんです。ご主人に献杯させてください。

野口満理子（以下、野） やっぱり思った通りの方でした。お酒を飲むときの表情がすごくいいですね。

吉 20代あたりにヨーロッパを放浪していた頃、日本に戻ったときは必ずここに来て飲んでいました。当時と雰囲気が全然変わっていないですね、素晴らしい。

野 ここは内装から何まで昔のままなんです。今年（2015年）で40周年になります。

吉 そんなになりますか。若い頃、いつもここに来て遊ばせてもらっていた。ここがあるから、吉祥寺に安心して来れる、という場所でした。

野 それは、うれしいです。

ジャズの名店を数多く誕生させ、「吉祥寺をジャズの街に仕立て上げた男」と言われた野口伊織さん。サムタイムは細部に至るまで、自分でプロデュースした店である。写真は、寝ても覚めても施工が気になり、寝袋を持ち込んで思い通りの空間を造っている40年前の伊織さん。

サムタイム

東京都武蔵野市吉祥寺本町
1-11-31 BIF
0422-21-6336
[CAFE TIME]
11:00～18:00
[LIQUOR TIME]
18:00～24:00
(L.O.23:15)
毎晩ジャズライブ
を開催中

株式会社 麦 代表取締役
野《の》口《ぐち》満《ま》理《り》子《こ》さん

大学卒業後、会社勤めのあと1年間ペルーに滞在。テレビ関係の仕事を経て、野口伊織さんと結婚。2001年に他界した伊織さんの遺志を継ぎ、「サムタイム」をはじめ、吉祥寺を中心にレストラン、バー、ケーキ店などを展開中。

いわしのマリネカレー風味(右)800円・夏季限定：野菜がたっぷりで少しスパイシー。自家製ピクルス(左下)700円：人気の一品。ピリ辛でお酒がすすむ。アレキサンダー(右下)900円：ブランデーベースに生クリームとカカオ。ほか、一般的な洋酒はすべてそろう。

吉　まだ関西にいた高校生のときに、はじめて東京に来てスケッチをしたのが井の頭公園。その後、JR中央線沿線に住んでいたこともあり、ここに来ると、妙に落ち着く感じがある。

野　ありがとうございます。

吉　その当時の吉祥寺は、お店も洗練されていないところばかりだったけど、ここはニューヨークっぽさが感じられた。ニューヨークは、ここみたいな路地にひょっこりジャズバーなんかがあるんですよ。

野　「路地に」というのがいいですね。この店の空間、雰囲気だけはこれからも変えないでやっていきたいと思っています。

吉　ジャズが好きで。初心者はあまり聴かない、ドン・チェリーの「Mu」シリーズの第1章からジャズの世界に入ったんです。この曲のクレージーな世界観が気に入っていました。最近はヴォーカルも聴いています。

野　ヴォーカルは、ほろ酔いで聴くといいですよね。

吉祥寺有数の老舗
大分の地酒と
郷土料理を味わう

豊後《ぶんご》

東京都武蔵野市吉祥寺
南町2-6-6 第二丸昌ビル
0422-43-7407
17:00～23:00
日休

お刺し身盛り合わせ(上)1000円:内容は旬によって変わる。くさや(左中)1200円:肉厚で上品、自家製。きらずまめし(左下)600円:臼杵地方の郷土料理。おからを酢とダシ、砂糖などで和えたもの。清酒(右下):一の井手。大分の地酒一種のみ。

1958年創業。井の頭線のガード下から2006年に移転。小上がりの座敷席、その奥にL字形カウンターがある造りは、以前とそれほど変わりない。気さくな女将・木本博子(きもとひろこ)さんと、旬の食材を活かした大分料理と地酒を目当てに常連でにぎわう。

青春の甘さを思い出すアレキサンダー

吉　僕が行っている店は、下町の大衆酒場ばかりだと最近は思われているみたいだけど、本来はこういうお店が多い。みんな、勘違いしている（笑）。

野　吉祥寺では、ほかにどのようなお店に行かれていたのですか？

吉　昔はガード下にあった「豊後」も懐かしいですね。このあたりはアーティストを目指している人たちが多く、僕は話が合わなかったけど、よくお店で一緒になっていましたね。あと「玉秩父」もよく通っていました。いろんな客がいて、普通のおじさんと、どこかの女優さんが隣で飲んでいたりしてね。店主のご夫婦の馴れ初めを俳句にしたりもしました（35P）。

野　中央線は、人もお店も独特の個性がありますよね。

吉　妙にそれと合うんですよね。じつは、昔は日本にあまり興味がなかったんです。とくに東京は、街が瞬時に変

元力士の親父と あったか女将の 庶民派酒場

玉秩父《たまちちぶ》

東京都武蔵野市
吉祥寺本町1-25-6
0422-21-1904
17:00〜23:30　日・祝休

馴初《なれそ》めも
神の采配
白菖蒲

くじら焼き（上）：ニンニク醤油をもみ込んで焼いた逸品（要望で煮るのも可）。茶碗蒸し・大（中）700円：汁けたっぷりでボリューム満点の人気メニュー。うざく（下）：ふんわりとしたうなぎとキュウリが絶妙。

1972年創業。店名は大相撲の幕下力士として活躍した店主・齊藤徹（さいとうとおる）さんの四股名に由来。「巡業で全国のおいしいものを食べていたので、味は確か」と女将の糧子（りょうこ）さん。類さんは、店内に飾られていた白い菖蒲の花を見て、女将さんの一目惚れというお2人を俳句に詠んだ（左上）。神の采配と「軍配」、白菖蒲と「白星」をかけている。

わってしまう。その中で吉祥寺は、ちょっとほかの街とは違うと思うんです。文化的なところがあって、かつ自然も残っているところはそうそうないんですよ。

野　たしかに、こんな繁華街の隣に大きな公園があるのは珍しいかも。

吉　昔はまだ、吉祥寺にシャンソニエが何軒かありましたよね。この店の近くにもあったはず。

野　ありました、ありました。

吉　当時はパリによく行っていたので、そういうところも吉祥寺に深い縁を感じた。楽しかったな、あの頃は。

野　吉田さんの中でパリと吉祥寺はつながっているのですね（笑）。

吉　では、最後にアレキサンダーを。昔、ここでよく飲んだカクテルです。今はもう飲んでないけど、今日はいいかなと思って。ここは本当に、一番感受性の強い青春時代を過ごさせていただいたお店です。

野　では、その頃を思い出して、最後に乾杯しましょう。

江戸下町情緒の残る街

「深川」散歩酒

コース② 門前仲町―森下―浅草

江戸時代初期に、湿地帯を埋め立ててできた街「深川」。いくつもの掘割が流れ、今も江戸の名残があちこちに垣間見える。しかし、この地域は、洪水、地震、戦争による火災と、幾度となく苦難の歴史を経てきた街でもある。14年間、深川界隈に住み、この街を知り尽くした類さんが、下町情緒残る街並みと酒場を訪ね歩く。

門前仲町─森下─浅草の散歩地図は120Pへ

門前仲町～森下

下町名物酒場を訪ねる

旨い魚を目当てに今日も大行列

大衆酒場魚三《うおさん》

東京都江東区富岡1-5-4
03-3641-8071
1F　16:00～22:00
2～4F　16:00～21:30
日・祝休

お客さんとの会話が楽しみと、今も開店からしばらくは店に顔を出す大女将の静江さん。気骨ゆえに時には厳しさもあるが、そこが魅力とは常連さんの声。

魚好きが集まる大衆酒場の代表店

地下鉄・東西線と大江戸線が交わる「門前仲町」は、富岡八幡宮と深川不動尊の門前町として栄えてきた。街の中央を通る永代通りの歩道には、夕刻が近づくとひとつの長い行列ができる。午後4時の開店と同時に、その人波は「魚三酒場」と染め抜かれた暖簾に、次々と吸い込まれていく。

客のほとんどの目当ては、新鮮でおいしい魚。その量と価格は驚きで、遠方から訪ねてくる人も珍しくない。

もうひとつのこの店の〝名物〟が、大女将の静江《しずえ》さん。最近では、店に顔を出すことが少なくなったが、静江さんに会いたくて通う常連さんも多い。

店を継いでほしいという願いから、魚三の長男の名前には必ず「三」がつくという。今も厨房で料理をする4代目のご主人も鈴木三智雄《すずきみちお》さんである。「創業は明治37年。もともとは魚屋で、酒場になったのは昭和30年ぐらい」と

下町酒場の魅力

かつて、東京では高台の「山の手」に対して低地が「下町」と呼ばれ、江戸時代は、海、川に近く、掘割（水路）が流れる下町で、町人文化が発展した。現在の東京でいうと、隅田川周辺と以東の地域が主に下町界隈として広く認知されている。

下町にある酒場＝「下町酒場」というわけではないが、古くからある大衆酒場の特徴のひとつに、コの字形カウンターがある。客同士が顔を合わせで飲むこのカウンターは、いつの間にか知らない者同士でも会話がはずむ。

またいい酒場には、気さくで人情味があって気っ風がいいお客が集う。初対面の人たちが「乾杯」し合う、類さんお馴染みの挨拶が、あちらこちらで交わされている。

東京の下町で飲むなら、ぜひ試してほしいのが焼酎ハイボール。「ボール」という愛称で下町っ子に親しまれている。一般的に知られているチューハイと違い、うっすら黄色味がかっているのがその特徴。梅エキスが入っているためだが、味は梅の味がするかというとかなり微妙。梅チューハイというわけではない。戦後の飲みづらかった焼酎をおいしく飲むために生まれた工夫であるようだが、今でも下町酒場では外せないお酒である。

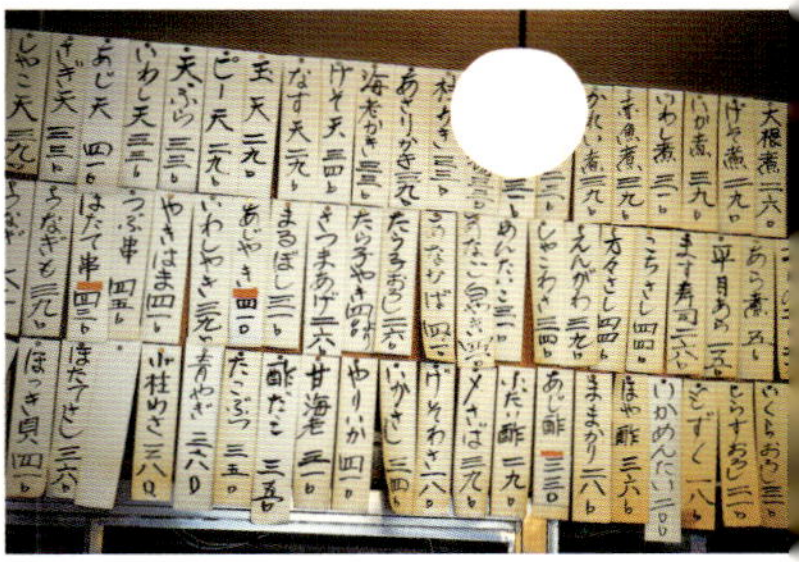

甘エビ（右上）310円。かつお（左上）440円、まぐろ（左上）410円：新鮮でボリュームのある刺身は一番人気。ほかにも、はぜ天410円、くさや310円、ままかり280円、いか煮390円など、あらゆる魚料理が揃っている。締めは、ぶりつゆ100円がおすすめ。

話す。5代目の三則《みつのり》さんは毎日築地に通い、「魚好きが、たくさん食べに来てほしい」と、新鮮な魚を安く提供することを心がけている。

「値引きするからと言われたら仕入れてしまうので、品数がどんどん増える」という品書きは、刺身、焼き物、煮物、揚げ物、天ぷらに酢締めなど、魚料理が壁に所狭しと貼られている。

門前仲町の魅力は「やっぱり、人のよさ」と静江さんは言う。下町の大衆酒場の代表と言ってもいい魚三。その居心地の良さは、この街の居心地の良さそのものでもあるのだ。

美人姉妹が微笑む 裏通りの赤提灯

だるま

東京都江東区門前仲町
2-7-3
03-3643-4489
16:30～23:00
日・祝休

入口から長いカウンターが続き、奥にはテーブル席が広がる。酒飲みたちの憧れの存在であり、いつも笑顔で切り盛りしているのは、妹の真（まさ）さん共々10代のころから看板娘として店を手伝ってきた理さん。亡き父親の跡を継いで、現在、姉妹で暖簾を守る。最近では、娘さんも店を手伝うようになり、2代目看板娘誕生の日も近い？

看板娘から女将へ 父の跡を継ぎ、店を切り盛り

門前仲町交差点から北に二筋目の裏通りを曲がると、ぽつんと見える赤提灯。それが「だるま」である。

下町とはいえ、どこか凛とした雰囲気を漂わせる深川界隈。それは、開拓地として移り住んで来た人々の、自ら町をつくりあげたプライドによるところが大きいのだが、襟を正した店が少なくない門前仲町にあって、ここ「だるま」は、まさしくザ・下町大衆酒場。

取り立てて人通りが多い道ではないにもかかわらず、いつ訪れても楽しげに酒を酌み交わす人で大いににぎわっている。かつて妹さんと共に美人看板娘として、この界隈の酔っぱらいたちの心をわしづかみにしてきた曽《そ》山《やま》理《あや》さんは、今や父親の跡を継ぎ女将として店を切り盛りする。

「最初は何もわからず大変でしたが、今はなんとかやっています」

創業は昭和46年。理さんの両親が守

コース② 門前仲町—森下—浅草

モツとタマネギ、こんにゃくをじっくり煮込んだ名物の牛モツ煮込み（650円）。長年使用してきた鍋はついに穴が開き、最近新調した模様。そのほか、女将さんの手作り料理の数々も「だるま」の魅力。

まぐろぶつ（上）600円。手作りつくね（中）600円：甘辛タレでハンバーグのようなボリューム。肉豆腐（下）600円：すき焼き風の、豚肉と豆腐の煮込みも人気メニュー。

り続けてきた店を、平成21年から引き継いでの女将業である。

人とのふれあいを感じる 下町の気さくさが魅力

昔このあたりでよく飲み歩き、素面では店の前を歩いたことがないと言う類さんとも旧知の仲。「ここはほんとに変わらないね」と、久々の再会に類さんのピッチもあがる。

「この店のよさは、気さくな下町っぽさ。いつ来ても気どっていないところが素晴らしい」と類さん。

人気のメニューはモツ煮込み。店の中央にある大きな鍋でぐつぐつと煮え、それを囲むカウンター席では、その温かさが伝わるかのように人と人のぬくもりが広がる。高知の山間で育ち、人と接する楽しみを知らなかったという類さんは、「門仲で飲むようになって、そのよさがわかった」と言う。

薄暗い裏通りにぽっかり灯る赤提灯。そのあったかい明かりに誘われ、今夜も「だるま」はにぎわうのである。

煮込み580円：牛のシロとギアラをじっくり煮込む。つゆは継ぎ足しを繰り返した伝統の味。ガーリックトーストとワインがよく合う。

今までにない極上の煮込み

山利喜《やまりき》本館

東京都江東区森下2-18-8
03-3633-1638
17:00〜23:00
日・祝休

元フレンチコックが生み出した新しい味

深川エリアの北に位置する「森下」。空襲で焼け野原になった深川一帯で、戦後いち早く労働者の街として発展してきたこの周辺も、現在は穏やかな住宅地に生まれ変わりつつある。「山利喜」は、そんな有為転変な森下の風景をずっと見続けてきた酒場だ。

創業は大正3年。関東大震災を経て、東京大空襲で店が焼失。バラック同然から、2代目が店を構えたのが昭和33年。3代目の山田《やまだ》廣久《ひろひさ》さんが店を継ぎ、肉体労働者に人気だった看板メニューの煮込みにひと工夫を加えた。元はフレンチのコックだった廣久さんは、伝統の煮込みに香草のブーケガルニで香りをつけ、赤ワインで味を調えた。現在では、東京で煮込みといえば「山利喜」と言われるほどの名物である。

「うちはこれから一日が始まる」という煮込みの仕込みは、毎朝9時から始まり6時間以上かけて完成する。

3代目ご主人の山田廣久さんと女将の孝子さん。1、2階は、カウンター席とテーブル席。2階はテーブル席が主。地下1階には、掘りごたつ式のお座敷がある。

やきとん（1人前2本280円）：煮込みと並ぶ山利喜の名物。炭火で焼き上げられた国産豚のもつは、上品な味わい。タレ味（上）は、煮込みと同じく継ぎ足した秘伝のタレ。塩味（下）は、独自にブレンドした塩を使用。

旧店舗の名残を感じる風情を大切にする酒場

山利喜の煮込みの味は、まろやかでいてコクがある。類さん曰く、「今までにない下町の煮込み」。

店に入って目に留まるのが、煮込み用の2つの大鍋。「左が昔からのもの、右が同じ工場でつくった新しい鍋、見た目は変わらないですが、味が違うんです」とは、女将の孝子《たかこ》さん。長年の使用で味がしみ込んでいる左の鍋のものが供され、減ってくると右の鍋から左の鍋に移すというこだわりようだ。

類さんが昔よく通ったという、土間が広くて吹き抜けのある2階建の店は、平成21年に立て替えられた。

だが、カウンターは旧店舗のものを磨いて再使用しており、吹き抜けがあるのも昔のままだ。

「酒場選びは風情が重要。ここは新しくなったけれど、趣はそのままです」

ワインをぐいと空けながら、満足そうに語る類さんであった。

魚屋さんの食堂で昼夜を問わず一杯

富水《とみすい》

東京都江東区富岡1-10-3
03-3630-0697
11:00〜14:00
17:00〜21:00
土・日・祝　11:00〜14:00
17:00〜20:00
月2回不定休

刺身盛り合わせ二人前（上）3000円。大根煮（上）400円：厚めで汁たっぷり。鯖味噌煮（右上）500円。アジフライ（右下）1000円：魚そのものの味わい。生ビールは琥珀エビス700円（中ジョッキ）。

魚屋の脇にある入口から奥に入る。席数は70。お客さんに目が届く範囲の広さがちょうどいいと、女将さん。昔ながらの下町の雰囲気が、門前仲町の魅力だとか。

50年、街に親しまれる下町のお母さん

門前仲町にかつて10軒近くあった魚屋も今や2軒。この街の人たちに、今もなお新鮮な魚を提供し続けているのが、約70年前に創業した「富岡水産」だ。併設された食堂「富水」も38年目となる。

店先に立つ女将の高倉良江《たかくらよしえ》さんは、この店で働くこと50年。気っ風のよさと愛想のよさが、いかにも下町のお母さんといった様子で、お店のお客さんから、思わぬ場所で声を掛けられることもあるという。

ボリュームたっぷりのランチが人気の富水ではあるが、昼から一杯やる人もちらほら。夜は居酒屋として、会社帰りの人たちでにぎわう。

格好のつまみになりそうなアジフライは、ひと皿に大きなフライが3枚と魚屋ならではのボリュームと味。そのほかの魚料理も、お酒がすすみそうなものばかりである。

日本酒が豊富な参道の酒屋

何を選んでいいか迷ったらおすすめを聞くとよい。類さんは、生まれ育った石鎚山系より流れる伏流水で仕込まれた「石鎚」をチョイス。「素朴なつくりがいい」と納得。

折原《おりはら》商店

東京都江東区富岡1-13-11
03-5639-9447
10:30〜22:00
無休

ひやおろし「石鎚」(右)600円:すっきりとした辛口。鳥皮ポン酢(右)400円。干しほたるいか(左)300円。ほかに、おでん(各種120円)などのおつまみも充実。

試飲感覚でお気に入りの一本を見つける

深川不動堂の参道に平成23年にオープンした「折原商店」。ショーケースに並ぶ日本酒のなかから好みの銘柄を選び、有料試飲で立ち飲みを楽しめる。

店長自らが酒蔵を訪ねて仕入れるお酒の数は、約250銘柄を数える。どの酒を飲むかワクワクさせられる品揃えだ。たくさんの銘柄を飲み比べたい人のために、量も50㎖と110㎖の2種類から選ぶことができる。酒屋なので、お酒の購入も可能だ。

類さんが選んだのは、「石鎚《いしづち》」のひやおろし。日本酒と相性抜群のつまみをつつきながらの一杯に、「旨い!」のひと言。

「参道に開く店だから、日本の文化を見直す意味で日本酒専門店にしました」と、店長の横田幸三さん。昼前から開いているとあって、下町散策に訪れた日本酒好きたちのオアシスとなっている。

吉田類の“酒場”の流儀！

一、酒縁を大切に、酒を楽しむ

酒を飲む理由は人それぞれだが、酒の席は宴というが如く、楽しく飲むのが一番だ。お酒を飲むと、誰もが超党派で仲間になれる。隣り合う人とその夜その場限り、酒を酌み交わすのもまた一興。酒がつないだ「縁」をきっかけに自分の社会を広げていくのも楽しいものだ。「乾杯」の言葉で、日本のみならず世界中を明るくしよう。

二、メニューに迷ったら店主に聞くべし

旨い肴は酒がすすむ。今宵の酒のお供は何にしようか？　あれもこれもと目移りしたら、迷わず店主に聞いてみたい。その日仕入れた新鮮な魚、季節の野菜や珍味など、店主自慢の料理をすすめてくれるはずだ。思わぬ裏メニューとの出会いもあるかもしれない。日替わりのメニューを参考にするのもよいだろう。

三、いい酒場にはオーラがある

初めての店に入るのは勇気がいる。店選びに迷ったときは、まず店の佇まいを見るとよい。いい酒場には、必ずオーラがあるものだ。暖簾や店先の手入れが行き届いているかを確認し、店の中が見られるならお客をぐるりと見渡してみる。お客たちに笑顔があれば間違いなし。初めての訪問でも温かく迎えてくれるだろう。

四、常連さんを敬うべし

いい酒場にはいい常連さんがつくものだ。昔からの店を知っている常連さんは、店の顔と言ってもいい。知っておきたいのは、常連さんの指定席。カウンターなら一番奥か、店主に近い席がそれにあたる。声をかけてくれる常連さんがいれば、会話を楽しもう。その界隈ならではの話や、店のおすすめなどが聞けるに違いない。

五、長居・深酒は禁物

いい酒場では、ついつい酒がすすんでしまう。でも、長っ尻はすることなかれ。その店のよさをほかのお客さんにも知ってもらうべく席を譲ろう。1軒2時間以内を目安として、もう少し飲みたければさらにはしご酒。そして、飲んでも楽しくなくなったら、そこで終了。酒はあくまでいい気分になるためのものである。

門前仲町

昭和香る「辰巳新道」を歩く

門前仲町の一角に、「昭和」の空気をそのままに残す路地がある。「辰巳《たつみ》新道《しんどう》」と呼ばれる、ノスタルジー溢れる飲み屋街だ。

深川が江戸城からみて辰巳（南東）の方角にあることから、昔この界隈で活躍した芸者は「辰巳芸者」と呼ばれた。路地の名は、それにちなんだといわれているがはっきりとはしない。このあたりは東京大空襲によって一面焼け野原になり、戦後に闇市から発展してきた。今では約30軒のこぢんまりとした店が軒を連ね、リフォームなどを重ねつつ、昭和の建物そのままを見ることができる。

時間が止まっていたかのように思える路地も、日が暮れてあたりが暗くなり始めると置き看板の明かりがぽつりぽつりと灯り出す。うっすらと暗い通りを歩くと、暖簾越しに人の影がゆれているのが見え、「ちょいと一杯」とそそられる。どこかに引き込まれそうになる空間。今夜はこの地に身を任せ、杯をかたむけてみよう。

新道で60年のあったか酒場

刺身盛り合わせ2人前（上）2000円。カボチャの煮物（右上）300円。いわしの梅煮（右下）500円。お通し200円（ものにより300円）。菊正宗500円。ビール中瓶500円。焼酎400円：水割りは濃いめ。

よし子

東京都江東区
門前仲町2-9-4
03-3641-0682
16:00〜20:30くらい
土・日・祝休

ご主人の人柄に惹かれて訪れる常連さんも気さくな方ばかり。カウンター8席の店内には、ひとりでぷらっと訪れてもすぐにうちとけられそうな、あったかな空気が流れている。

鮮度の落ちた素材は使わない こだわりの料理が旨い

辰巳新道に並ぶ飲み屋は、少人数のカウンターのみの、俗にいう小料理屋タイプの店が多い。路地中央の曲がり角にある「よし子」もそのひとつ。初代創業は昭和28年、新道の古株である。

店名とは裏腹に、カウンターの中で控えめに佇むのは、いなせな名前の鳥《とり》飼勘二《かいかんじ》さん。亡き奥様の跡を継いで15年。気難しそうに見えるけれど、ぽつりと交わす言葉や、ふと見せる笑顔があたたかく、お客の7割が女性というのもうなずける。

店のこだわりは、“新鮮なものを安く”。その日に仕入れた素材を使い、「刺身は少しでも鮮度が落ちたものは出さない」というこだわり。ほかの店を食べ歩いて培った料理の腕はなかなかのもので、この日の大皿料理のいわしの梅煮は、味も見た目も絶品だ。

唯一、お酒好きのご主人が、早めに店仕舞いしてしまうのはご愛嬌。

装飾も楽しい遊園地のような酒場

まぐろ刺身600円。鯨の刺身600円。根室産のウニ2000～3000円（ものにより）。日本酒「萬代芳」500円。焼酎は数量限定の「赤霧島」あり。サワー類350円、ホッピー（セット450円、中200円）は「金宮」使用。

ゆうちゃん

東京都江東区門前仲町2-9-4
03-3641-3769
11:30～14:00（ランチ営業）
16:00～24:00
日休
※ゆうちゃん古石場《ふるいしば》店
東京都江東区古石場1-2-2
03-3642-0345

L字形のカウンター9席。外装と同じく店内もにぎやか。親父さんの向こうに並ぶ短冊には、安くて旨いメニューがずらりと記されている。日替わりメニューも充実。

会津の酒「萬代芳」と旨いつまみで舌鼓

タヌキの置物、ひょっとこのお面、巨大徳利、団扇に提灯などが、壁一面を飾る。「ゆうちゃん」の佇まいは、9席のカウンターに毎晩集う楽しげなお客さんそのものだ。ざっくばらんに、ただただ旨い酒とつまみを満喫できる、そんな雰囲気に満ちている。

築地で働いていた親父さんは魚の目利き、そして全国を歩いて吟味した酒は間違いがない。つまみは２００円から３００円台のメニューも豊富で、お財布にもやさしい。

とくに親父さんの出身地、会津の酒「萬代芳《ばんだいほう》」はおすすめだ。地元で愛される大衆酒ゆえ、なかなか東京までは出回らず、これが目当ての客も多い。

創業15年を迎え、他店で修行の経験がある息子さんに代替わりをし、親父さんは近くに2号店をオープン。辰巳新道で酒とつまみを気楽に楽しみたいときは、迷わず訪問したい。

小遣い片手に ちょいと一杯

煮込み（下）350円：ひと晩寝かせてしみこませた、まろやか味。200〜400円のおすすめメニューも充実。焼酎を凍らせたシャリキン（上）300円：バイス（梅酢）味など4種。

ニューもつよし

東京都江東区
門前仲町2-9-4
03-3643-6880
15:00〜23:45
土・祝　16:00〜22:00
日休

ホッピー350円。焼酎（なか）250円。ポテトサラダ300円：塩胡椒のシンプルな味付け。大将が火加減にこだわって焼きあげる、モツ焼き100円（1本）：タン、カシラ、レバーほか、焼き鳥とつくね（下）もある。

懐にやさしい 自動券売機で明朗会計

辰巳新道では、新しい顔である「ニューもつよし」。34年間続いたラーメン屋の跡地に、平成24年に開業した立ち飲みスタイルのモツ焼き屋だ。

開店の午後3時には、昼酒を楽しむ常連さんが早くもやってくるが、店に入るやいなや奥にある自動券売機に一直線。じつは、ここでは券売機が注文と会計を担っているのである。

「ひとりだから、なかなか手がまわらなくて。従業員の代わりです」と大将の滝沢《たきざわ》輝《てる》男《お》さん。初めてのお客は一瞬とまどうが、慣れれば明朗会計この上ない。予算オーバーをしないうえ、飲みすぎにも注意できる。

「忙しいときは常連さんが料理を席に運んでくれたり、券売機の説明をしてくれたり、このあたりは親切な人が多いですね」と大将。店は新しくても、すでに下町人情に染まり、この街に溶け込んでいるのである。

街の〝絆〟を紡ぐ場所

富岡八幡宮

1627（寛永4）年に創建され、徳川将軍家の手厚い庇護のもと、「深川の八幡様」として庶民に親しまれる。今も深川の象徴である。

東京都江東区富岡1-20-3
03-3642-1315
9:00〜17:00

「八幡様に恥をかかせてはいけない」

1642（寛永19）年8月15日に4代将軍・徳川家綱の誕生を祝う神事が行われたのをきっかけに深川八幡祭が始まる。祭りの代名詞でもある神輿渡御はその翌年から行われ、現在まで400年近くも続いている。別名「水かけ祭り」とも呼ばれる。

江戸時代から受け継がれる深川っ子の魂

江戸時代に門前町として栄えた深川界隈も今はビルや高層マンションが建ち並び、その姿を変えている。しかし、この地には今も江戸情緒が残り、下町人情が息づいている。その核となっているのが富岡八幡宮であり、この八幡様のお祭りを通して、江戸時代から深川っ子魂が脈々と受け継がれている。

毎年8月15日の頃は、神輿《みこし》を担ぐ掛け声が深川界隈に響き渡る。「神輿深川、山車神田、ただっ広いは山王様」と謳われているように、富岡八幡宮の例祭「深川八幡祭」は、江戸三大祭りのひとつであり、深川っ子の大切な一大イベントである。

「お囃子《はやし》が聞こえ始めると、みんなソワソワし始めるんです（笑）。祭りの日ばかりは店を閉めて、神輿担ぎに参加しますよ」。この地で生まれ育った深川の名物酒場『魚三』5代目・鈴木三則さんは、祭りの話になると目を輝かせる。

とりわけ3年に1度の本祭には、八幡宮の御鳳輦《ごほうれん》（神輿に似た乗り物）が渡御《とぎょ》し、翌日には氏子町内の50数基の大神輿が勢揃いする。約8㎞の道程を、神輿を担いで5時間あまり練り歩く「神輿連合渡御」は壮観だ。

また、沿道から担ぎ手に水が飛ぶのも名物の光景。トラックや消防団による豪快な放水は圧巻で、別名「水かけ祭り」とも呼ばれる。もともとはお清めの水を神輿の通り道にまいていたのが、夏真っ盛りの祭りということで、いつの頃からか神輿の担ぎ手たちにかけられるようになったそうである。

担ぎ手は総勢約２万５０００人、沿道を埋め尽くす見物客は50万人を超える。かつて、１８０７（文化４）年には、祭りをみようと駆けつけた見物客の重みで永代橋が崩落し、死者・行方不明者あわせて１０００人にも上る大事故が起きた。この事件は後に落語となっており、深川っ子の祭り好きは今も昔も変わらないことがうかがえる。

仲間と一緒に生きていることを実感させてくれる瞬間

ここまで深川っ子が祭りに熱くなる理由は、ここが江戸時代に埋め立てられた新しい土地であり、関西などの移住者が集まってできた地域であることに由来する。さらに、１９２３年の関東大震災、１９４５年の東京大空襲と２度にわたる大災害で町はほぼ壊滅。親族、肉親を多くの人が失ったということも関係していると、類さんは推察する。類さん自身かつてこの深川周辺に14年暮らし、飲み屋の店主に誘われて神輿を担いだ経験もある。

「この祭りは、かつてここに移住してきた人たちのアイデンティティなんです。だから祭りに対する意気込みが半端じゃない。地域、自身の存在をかけ、全魂を込めて神輿を担ぐんです。リオのカーニバルもしかり、人間ってこの仲間たちと一緒に生きているんだという喜びを噛みしめ、実感させてくれるものがないとダメなんじゃないかな」

八幡様の権禰宜《ごんねぎ》・佐藤諭《さとうさとし》さんは深川界隈の街の方々の熱き思いに、毎年深い感銘を受けていると言う。

「お祭りを支えてくださっているのは街の方々。神輿渡御が等間隔できちんと統制がとれているのは、〝八幡様のお祭りだから下手なことはできない。八幡様に恥をかかせてはいけない〟という、地元の方たちの思いなんです」

ちなみに、神様の乗り物である神輿を高く差し上げるのは神様に対する尊敬の意。揺すりながら担ぐのは、神様を目覚めさせ、願いを叶えてもらうためだそう。そして、神輿を担ぐ際の統一された掛け声「ワッショイ」には、〝和を背負う〟という意味が込められており、神事であると同時に祭りを通し街の絆を深めることを表している。

「気がつけば、ここに14年暮らしていた。僕の人生では一、二に長いところ」

近年、子ども神輿も登場し、その掛け声もまた威勢がいい。旅人・類さんを長居させた、深川っ子魂は次の世代に継承されていく。

「見事な黄金神輿。僕が担いだ神輿はこの約1/5程の大きさ。それでも200人くらいで担いでいた」。類さんも感嘆した日本最大の神輿「一の宮神輿」は純金ダイヤがちりばめられ、重さなんと約4.5トン！あまりに重いため担がれることはないが、本祭の翌年にはこれより小さい「二の宮神輿」が担がれる。

権禰宜
佐藤諭さん

御本殿だけじゃない!

富岡八幡宮 神主のおすすめポイント

創建時は海に囲まれた永代島《えいたいじま》にあり、江戸城や富士山まで眺められた。毎月1・15・28日は参道、商店街に露店が並び、にぎわいをみせる。

! 「大関」は見ても「横綱」は見逃しがち

江戸時代には、大相撲の前身である勧進相撲がここで行われていた。大鳥居右手にあるのは『大関力士碑』。歴代横綱の四股名を刻んだ『横綱力士碑』は、本殿右脇の廻廊下をくぐって進んだところにある。分かりにくい場所なので見逃しがち。「僕の手は白鵬と同じ大きさ。だけど、巨人力士と比べると子供の手みたいだなぁ」と、『巨人力士手形足形碑』を見て驚く、類さん。

! "測量の神"伊能忠敬も八幡様に参拝

実測による初の日本地図「大日本沿海輿地全図(だいにほんえんかいよちぜんず)」を制作した伊能忠敬の銅像が、大鳥居をくぐり抜けた左手にある。隠居後、50歳で江戸へ出て天文学を学び、55歳から17年の歳月をかけて全国を測量。測量の旅に出る前には必ず八幡様にお参りしたという。一定の歩幅(1歩69cm)で歩く訓練を行い、歩数から距離を計算。来た方角を調べるという作業を繰り返し、極めて精度の高い地図を作り上げた。

酒場詩人と俳聖の邂逅

芭蕉を訪ねて深川をぶらりと歩く

深川は俳人・松尾芭蕉が後半生を暮らした場所でもある。清澄白河から森下界隈にかけては、芭蕉ゆかりの史跡や句碑が多く点在している。

1 採《さい》茶《と》庵《あん》跡

海辺橋のたもとに、芭蕉の弟子・杉風(さんぷう)の別邸『採茶庵』があった。1689年、46歳の芭蕉はここから『おくのほそ道』の旅へ。その跡に、杖と笠を手にいまにも旅立とうとする芭蕉像を見ることができる。

2 野鳥も来園『清澄庭園』

類さんと同じ、高知出身の岩崎弥太郎が造成した庭園。歩みを進めるごとに景観が変わる、磯渡(いそわた)りから眺める涼亭が絶景。アオサギなどの野鳥もどこからか訪れ、心が和む。「古池や　蛙とびこむ　水の音」の句碑もある。

3 庭園の隣の公園に寄り道

庭園西側に隣接する『清澄公園』は、関東大震災と東京大空襲の2度の災害を経て、避難場所の機能をもつ公園として開放された。桜の季節には花見客でにぎわう。

4 芭蕉庵の跡を参拝

もともとあったこの稲荷神社の付近から、芭蕉の遺愛の品とされる「石蛙」が見つかったことにより、ここが芭蕉庵跡と推定されている。以後、『芭蕉稲荷神社』として祀られている。

5 隅田川を望む庭園で休憩

隅田川と小名木川の合流する『芭蕉庵史跡展望庭園』には、弟子・杉風の描いた肖像画を元にした芭蕉像が鎮座。類さん曰く、「空豆みたいな顔。ほんとうにこんな顔だったの?!」。17時以降は、新大橋から清洲橋の方向に像の向きが自動で変わり、ライトアップもされる。庭園は16時半に閉まるため、像が動くのを間近で拝むことはできないのであしからず。

6 遊歩道に芭蕉の句が並ぶ

ベンチもあり、のんびりと川辺を過ごせる『隅田川テラス』には、「大川端芭蕉句選」として9つの句のプレートが並ぶ。ベンチに腰掛け、芭蕉庵のあった江戸の時世を偲ぶのも一興だ。
写真は桜を詠んだ一句、「花の雲　鐘は上野か　浅草歟(か)」

7 類さんも句会を開催

芭蕉直筆の手紙など、貴重な資料がある『芭蕉記念館』。類さんが主宰する俳句愛好会『舟』の句会も、ここで開かれたことがあるようだ。小さな日本庭園には芭蕉の句にちなんだ草花や池、滝を配す。俳名の由来であるバナナの花に似た「芭蕉」が、門横に植えられているのでお見逃しなく。

芭蕉よ、今の隅田川を何と詠む

酒精火《しゅせいび》となりて遊行《ゆぎょう》の枯野かな

「旅に病んで　夢は枯野を　かけめぐる」。10日間に及ぶ入院生活で、芭蕉が最後に詠んだこの句が幾度頭の中を巡ったことだろう。本書を制作中の8月上旬、熱中症により40度を超える高熱にうかされ、「もうダメかもしれん」と初めて思った。そんなある日、白衣の天使にかけられた言葉にハッとした。「早くお家に帰りたいでしょう」

自分の家とは、果たしてどこだろう？

仕事の拠点は東京、札幌にあるが、家といえるのか。では故郷の高知はどうだろう。3歳で父を亡くし、小学生のときに関西へ出て以来、旅三昧の日々。到底いうに及ばずだ。東陽町で14年ほど暮らしたこともあるが、ほとんど旅生活で「家賃を払っていただけ」というほうがしっくりくる。しいて言えば、自分の家は「地球」といったところか。

旅に生きた芭蕉の家とはどこだったのか。俳句を芸術の域にまで高めた51年の生涯で、最も長く暮らしたのがここ深川だ。29歳で故郷・伊賀上野から江戸日本橋に出て、俳諧の師匠となる。37歳のときその安定を捨て、当時はまだ寂れていた深川に移り住み、6畳一間の芭蕉庵で門人らによる喜捨生活を送った。何ものにも囚われず、固執しない生き方。深川を拠点に修行のような暮らしや吟行を経て、「俳聖」芭蕉は誕生したのである。

さて、話はそれるが翁然とした芭蕉像を見ると、これが真の姿かと疑ってしまう。各地を歩いたその肉体は鍛えあげられたものではなかったか。芭蕉には旅をしながら情報を集めた隠密説もあるが、あなたはどう感じるだろう。

幸いなことに高熱も下がり、僕はまた旅路の真っ只中にいる。神様から猶予を与えられた我が身。旅を栖《すみか》に、俳句を旅の友として列島を巡ろうじゃないか。

隅田川の橋を巡る

越中島から浅草へ 水上バス散歩

かつて「水の都」といわれた江戸。その中心に流れる隅田川には、多くの水上バスが運航されている。類さんは、「越中島発着場」から乗船して、一路「浅草（二天門）発着場」に向かう。

東京水辺ライン

越中島から浅草（料金620円）のコース以外にも、多くの水上バスを運航。
03-5608-8869
https://www.tokyo-park.or.jp/waterbus

～昔と変わらぬ隅田川にて江戸を偲ぶ～

隅田川には、現在18の橋が架かっている。深川界隈に架かる、かつて浮世絵にも描かれた永代橋、清洲橋、新大橋を水上バスから眺める。

永代橋

1698年に「深川大渡し（渡し船）」に代わり架橋。5代将軍・徳川綱吉の50歳を祝い、徳川幕府が代々続くよう命名。当時、このあたりは倉庫街だったようで、全国の物資が集まったという。1897年に現在の場所に移されたあと、関東大震災で大破。1928年に現在の橋に架け替えられ、国の重要文化財に指定される。夜はブルーにライトアップ。

江東区永代1～中央区新川1

東都名所『永代橋深川新地』
歌川広重（国立国会図書館蔵）

新大橋

名所江戸百景『大はしあたけの夕立』
歌川広重（国立国会図書館蔵）

かつては『大橋』という名で、日本橋の浜町から深川六間堀に架かっていた。このあたりは、幕府の御用船安宅（あたけ）丸の船蔵があったことから「安宅」と呼ばれた。広重の描いた『大はしあたけの夕立』は、ゴッホが模写したことでも有名。芭蕉は、「ありがたや　いただいて踏む　はしの霜」と開通の喜びを詠んでいる。現在の橋は1977年に改架。旧新大橋は関東大震災や東京大空襲にも耐え多くの人命を救い、「人助け橋」として親しまれた。ライトアップはオレンジ。

江東区新大橋1～中央区日本橋浜町2

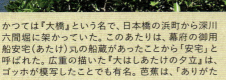

清洲橋

いつもと違う視点が新しい発見を与えてくれる

海辺を埋め立ててできた「深川」は、河川や運河などの水路が縦横に走り、大小様々な橋が架かっている。とりわけ隅田川には、東京下町のランドマークとなる橋も多く、その醍醐味を堪能するには水上バスがおすすめだ。

乗船のために類さんが向かった先は、「越中島発着場」。門前仲町から徒歩で10〜15分程度だが、その対岸には超高層マンションが建ち並び、現代の東京を象徴するような都会的な景観を見ることができる。類さんが乗船したのは、隅田川を浅草へ向かう水上バス。

最初に見えるのは、深川の玄関口に架かる『永代橋』。かつては、「西に富士、北に筑波、東に上総、南に箱根」と称されるほど、橋の上からの見晴らしが良かったという。

現在の橋は関東大震災後、1926（大正15）年に復興事業第1号として架け直されたもの。ドイツのライン川

「清洲橋は、橋の中で最も美しい！」

1928年に架けられた鋼鉄橋で、公募により両岸の「清（江東区清澄一丁目）」と「洲（中央区日本橋中洲）」をとって命名された。ライトアップは鮮やかなピンク。

に架かっていたルーデンドルフ鉄道橋をモデルとし、雄大で重量感溢れるアーチは男らしい姿だ。

その向こうに見えてくるのは、類さんが〝西洋の貴婦人〟と評し、「橋の中で最も美しい」と絶賛する『清洲橋』。その優美な吊り橋は、世界で最も美しいとされたケルンのライン川にある吊り橋、ホーエンツォレルン橋をモデルにしている。永代橋と対をなし、女性的なシルエットだ。

そして、深川で最後の橋となるのが、『新大橋』である。こちらは、「モダンで幾何学的」と、類さん。

この辺りに架かっていた江戸の橋姿を、歌川広重の描いた浮世絵を頼りに、現在の橋と重ねてみるのも一興だ。

陸の上とは異なって見える橋のライン、意外にも豊かな自然、迫り来る高層ビル群の迫力。水上バスの散歩は東京で暮らす人にとっても、新たな発見と驚きを与えてくれるに違いない。

さて、到着地の浅草ではどんな酒縁が待っているのだろうか。

浅草

水上バスの終点 浅草で乾杯

**水上バスから下りて向かったのは、類さんの行きつけ2店。
浅草は古き良き酒場やバーが多く、類さんにとって馴染み深い街でもある。
散歩の終わりにちょっと立ち寄っていこう。**

あったかな主人と常連に囲まれ、酒縁がひろがる

浅草寺の西側にある公園本通りは、通称「ホッピー通り」と呼ばれ、平日休日を問わず、昼から大勢の酔客が集まる。その一番端にある「正ちゃん」は、昭和26年創業の老舗店。戦後の屋台から出発し、今のご主人、高島《たかしま》文雄《ふみお》さんの代になって、軒先のテーブル席でも飲めるスタイルとなった。これが、気軽に飲めて、初対面の人同士でも楽しく語り合えるオープンな雰囲気をつくりだしている。

名物は牛煮込み。ホッピー通りは別名、「煮込み通り」とも呼ばれ、各店がしのぎを削る。通り名のはしりとなったこの店の煮込みは、元祖「浅草煮込み」と言ってよいだろう。

シャイだけど気さくな人柄で、お客さんと酌み交わすこともしばしばなご主人。今日も類さんが来店するとあって、常連さんたちとすでに酒宴の真っ最中。浅草の夜空の下、類さんも一緒になって「乾杯！」の声が響き渡る。

牛煮込み(下)500円：継ぎ足しタレで甘辛く煮込まれた、とろとろの牛スジの上に、味がしみた豆腐がのる。ご飯にかけた牛めし(500円)も人気。手羽先煮(左下)500円：柔らかくてジューシー。つぶ貝(右下)600円：こりこりした食感が楽しめる。

心地よい風のなか名物の煮込みで一杯

正《しょう》ちゃんの店

東京都台東区浅草2-7-13
03-3841-3673
12:00～22:00
土・日　9:00～20:00
火休(月不定休)

いつもワイワイにぎやかなのが、店先にあるテーブル席。すぐに打ちとけられる雰囲気がここの良さ。最近は、女性客も増えて華やかさも増した。ご主人、常連さん、類さんと一緒になって大盛り上がり。

平成27年5月に改装され、新しくなった店内のカウンター10席。ご主人と同じ北海道出身の女将・政子(まさこ)さんの手作り料理も楽しみのひとつ。肉じゃが、銀ダラ煮などの煮物類も充実している。

こだわりがつまった類さんの隠れ家

バーリィ浅草

東京都台東区西浅草 3-15-11
03-3847-1066
18：00 ～ 01：00（L.O.）
月休

1階はカウンターと小テーブル。2階はカウンターとソファー席があり、グループでの訪問もできる。類さんも浅草での句会のあと、大勢で利用することがあるようだ。

自然の息吹を感じられる大人のバー

昭和62年創業の、大人のための正統派バー「バーリィ浅草」。約700種類のお酒がバックバーに並び、岩塩のライトが灯ったカウンターには、スタッフ自らが山々で摘んでくるという野花が飾られる。随所に自然を意識した空間が演出されており、くつろいだひとときを過ごせる。

オリジナルカクテルは季節ごとに変わり、その時期の空気感を見事に表現した味は感動を覚える。お酒に合わせる料理も食材にこだわっており、ほかではお目にかかれない逸品も。バーといえど、食事も楽しめるのがこの店の特徴だ。

ずらりと並んだ酒瓶を背にカウンターに立つのは、この道30年のチーフバーテンダー、木村《きむら》誠《まこと》さん。バーは無機質なので、季節を感じさせるカクテルや花などに気を遣うという。類さんとも昔からの気心知れた仲である。

最後はカクテルで締めるという類さんの、隠れ家のひとつだ。

マンガリッツァソーセージ(右上)2000円:ハンガリーで国宝として認定されている高級豚を使用。日本での流通は希少。吟味された5種のマスタードでいただく。丹後いわし油漬(右)1500円:月に跳ね上がる魚の群れをイメージした盛りつけ。特製梅干(上)300円。チャージは塩豆付で500円。

料理の味を際立たせる器は、茨城県笠間の陶芸作家、駒澤博司さんによるもの。独特のデザインがバーのこだわりを感じさせる。マスターの木村さん自身も織部焼の器を制作しており、器を見るのも楽しみのひとつ。

雨上がりの木々の香りをイメージしたオリジナルカクテル「白雨(はくう)」(上)1200円:白雨とは夕立のこと。ウオッカベースにもみの木のリキュール。夏におすすめ。フルーティだが苦みがある。ディープ(右)1500円:ダークラムをベースとした、ずしっと重たい大人の男の味。

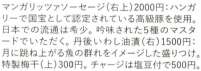

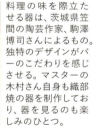

都会を背にした大自然

「高尾山」散歩酒

コース③ 高尾山―小仏城山

「休みがとれたら必ず山に登る」というほど、登山が好きな類さん。そんな類さんにとって、都心の近郊にあり自然が豊富な「高尾山」は絶好の息抜き場だ。山道には茶屋も多く、〝自然に触れ合いながら一杯〟もできる。また、薬王院や句碑など文化的な見どころも多い。「高尾山は僕の庭」と言う類さんが、お気に入りのポイントを紹介する。

高尾山の周辺茶屋地図は122Pへ

小仏城山山頂

日常を忘れる自分だけの〝聖域〟

自然の息吹を感じながら山頂の茶屋でくつろぐ

酒場のイメージが強いが、じつは類さんは登山家でもある。全国を渡り歩く日々のなか、東京で少しでも時間ができたら必ず訪れるのが、ここ高尾山だ。たいていは、高尾山山頂からさらに歩を進め、小仏城山《こぼとけしろやま》を目指す。そして、この城山茶屋で休憩がてら一杯やるというのがお決まりのコースである。

この山の魅力は何といっても、都心から1時間ちょっとで豊かな自然の中に身を置けるという、アプローチのしやすさにある。ケーブルカーやリフトを使えば、お年寄りでもらくらくと登山できる。ケーブルカーの到着駅・高尾山駅から約40分も歩けば、そこはもう山頂。街中とは違う空気を味わえる。

気楽に登れるお手軽さゆえに、休日には原宿並みといわれるほどの混雑を見せる高尾山道ではあるが、山頂からさらに小仏城山方面に足を延ばせば、登山者もがくんと少なくなり、自然の

コース③ 高尾山—小仏城山

「いつまでも登山客を癒す場でありたい」

城山茶屋店主

尾嶋典善《おじまのりよし》さん

祖父母が始めた創業約70年の茶屋を、2005年、3代目として受け継ぐ。小学生から店の手伝いをしており、23歳のときに正式に就職し、先代に仕事を学ぶ。昔からの常連さんの訪問が何よりもうれしいと言う典善さん。新しいお客さんとの出会いも大切に、これからも休息と憩いの場として、登山者を温かく出迎えてくれることだろう。

城山《しろやま》茶屋

東京都八王子市裏高尾町1885-2
042-665-4933
9:00～16:00
12月末から3月上旬までは
土・日・祝のみの営業
悪天候日休み

懐に入っていくことをさらに実感できる。

道も整備されているので、登山初心者でもゆっくり歩を進めれば問題はない。高尾山、小仏城山とも、登山者のレベルに合わせてコースが豊富にあるのも魅力のひとつだ。類さんは、調子のいいときは山頂まで早歩きで行くこともあるようだ。草花を眺め、昆虫などと出会いながら1時間も歩けば、ぽっかりと開けた小仏城山の山頂に出る。

広場にある茶屋を中心に、眼下に東京と神奈川が広がる。片側からは、遥か彼方に新宿の高層ビル群が見え、大都会東京の広大さを実感できる。もう片方に目をやれば、連なる山々の頂と相模湖。広場から見えるこの相反する風景が、ここまで来た人へのご褒美だ。

城山茶屋は、高尾山山頂から陣場山への縦走路の途中にあることもあって、古くから登山客の喉を潤す場所として重宝されてきた。現在のご主人は3代目の尾嶋典善さん。お母さんとお姉さん、それに妹さんの4人で、この茶屋を支えている。

ビールを片手にご機嫌の類さん

甘酒(上)300円：温かいものと冷たいものを選べる。名物なめこ汁(中)250円：味は醤油仕立て。おでん(下)6品500円。ほか、ビール大瓶700円。日本酒400円。缶チューハイ300円。ジュース200円。コーヒー200円。夏期メニューのかき氷は、うずたかく盛られた城山盛りが人気で400円。売店利用者に限り、コンロ使用許可証が発行される。

都会と自然のバランスを保ち、新たな気持ちになれる場所

「高尾山には、夜中まで仕事をしていたり、朝まで酒を飲んでいたときなど、リフレッシュをするために来ます。ほとんど、散歩感覚です」と類さんは語る。この日も午前3時まで原稿を執筆してからの山登り。疲れも、ここに来て山の空気を吸えば吹っ飛ぶという。

自然というのは人の魂を磨く場所であると、類さんは常々言っている。

「都会だけで生活をしていたら、才能は長く続かない。休息をお酒だけに頼っていたら、すぐ涸渇すると思います。そのために山に入って野生を磨く。何かを創作するには自然が必要なんです。現在、仕事場（住居）はすぐ山に行けるところに置いています」

茶屋に到着し、ひと息つきつつ依頼されている俳句を考える類さん。自然のエネルギーを得て発想も冴え渡るようだ。街と自然、その両方が大切という類さんにとって、そのバランスを保

俳句を一句。仕事にも集中

自然の中だといつにも増して、創作イメージがわくようだ。原稿執筆なども、よくここで行うという。天気のよい昼下がりには、茶屋の片隅でハイボールを片手に俳句を詠む、類さんの姿が見られるかもしれない。仕事のあとは隣席の宴会に呼ばれて「乾杯!」。ここでも酒縁がひろがる類さんであった。

つためにも、この場所は必要なのだ。

「都会に住んでいるからこそ、自然の大切さがよくわかり、それを守ろうという意識が生まれる。自然の中だけで生きていたらその環境は当たり前になる。すると人は、自然を壊すことに鈍感になってしまうのです」

　近年ミシュランの3つ星観光地になったこともあり、高尾山には多くの人が訪れるようになった。それと比例するように失われていく自然を見て、その思いは益々強くなっていくとのこと。

　都会に暮らす自分と、本来自然の一部である自分を見つめ直し、新たな気持ちになれる場所。ここは類さんにとって、かけがえのない「聖域」なのである。

　山の楽しみで忘れてはいけないのが「お酒」。山頂で飲む酒は何より旨い！　名物のなめこ汁をすすりながら、この最高のひとときを楽しむ。

　ひときわ「お酒がおいしい」と感じるのは、毎日の喧騒の中で忘れてしまった大切な何かを取り戻したサインでもあるのだ。

吉田類の

高尾山〜小仏城山

おすすめ登山コース

高尾山は登山コースがたくさんあり、その日の調子や予定でコースを選べるのが魅力。ここでは、類さんイチ押しの3コースを紹介しよう。

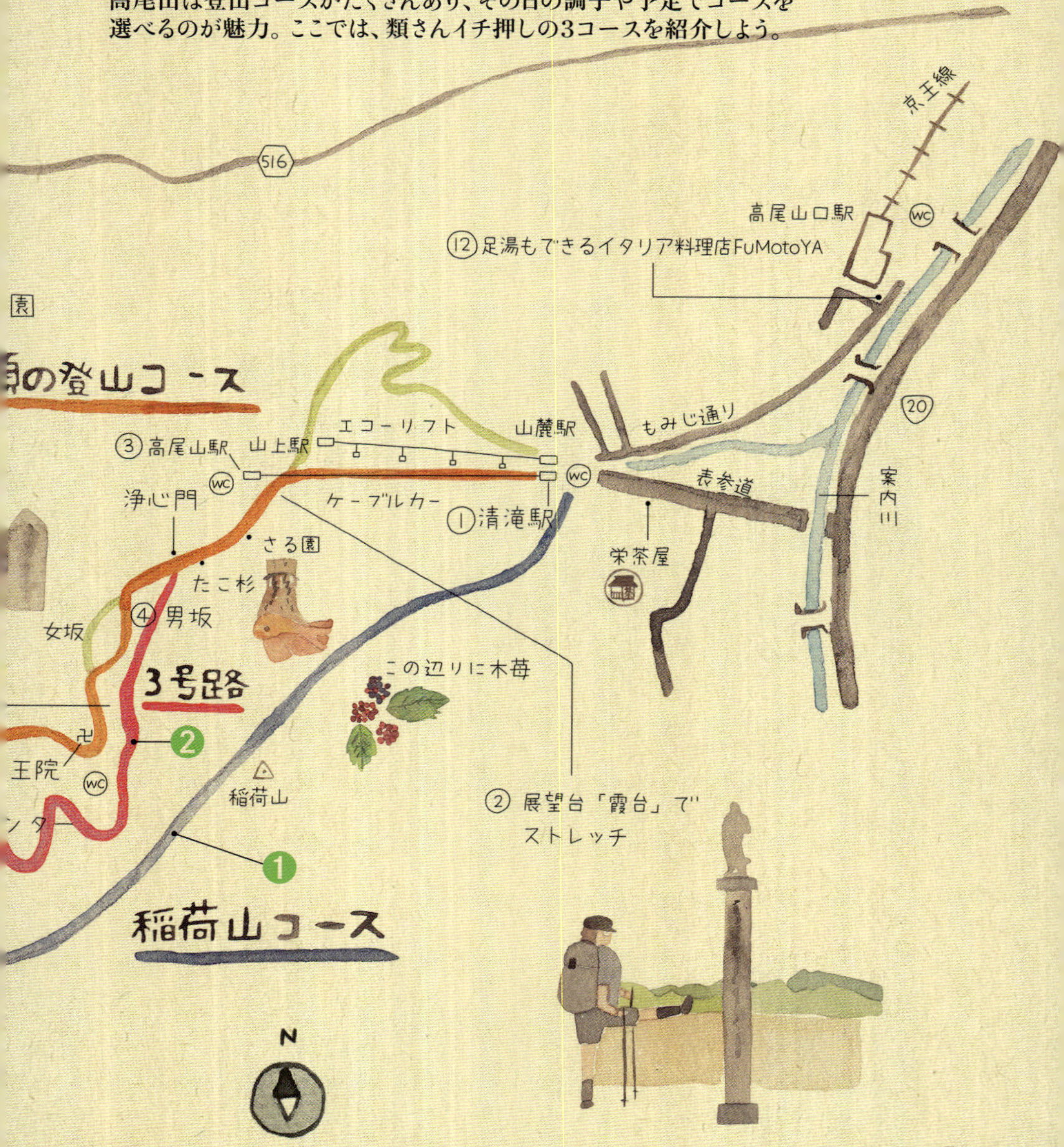

❶景観がすばらしい「稲荷山コース」

琵琶滝の沢を挟み、高尾山稜が南東に伸びる尾根筋。天然林が豊富でとくに秋の紅葉が素晴らしい。5月中旬～6月中旬には木苺の実がなっていることも。

❷混雑を避けたいなら「3号路」

「人が多いな」と思ったら、浄心門から3号路へ抜けると意外と空いている。ブナ系の深い森が広がっている。

❸初級者へおすすめ「トラバースコース」

「トラバース」とは脇道のこと。尾根道よりも勾配が比較的ゆるやかなので、登山初級者向き。

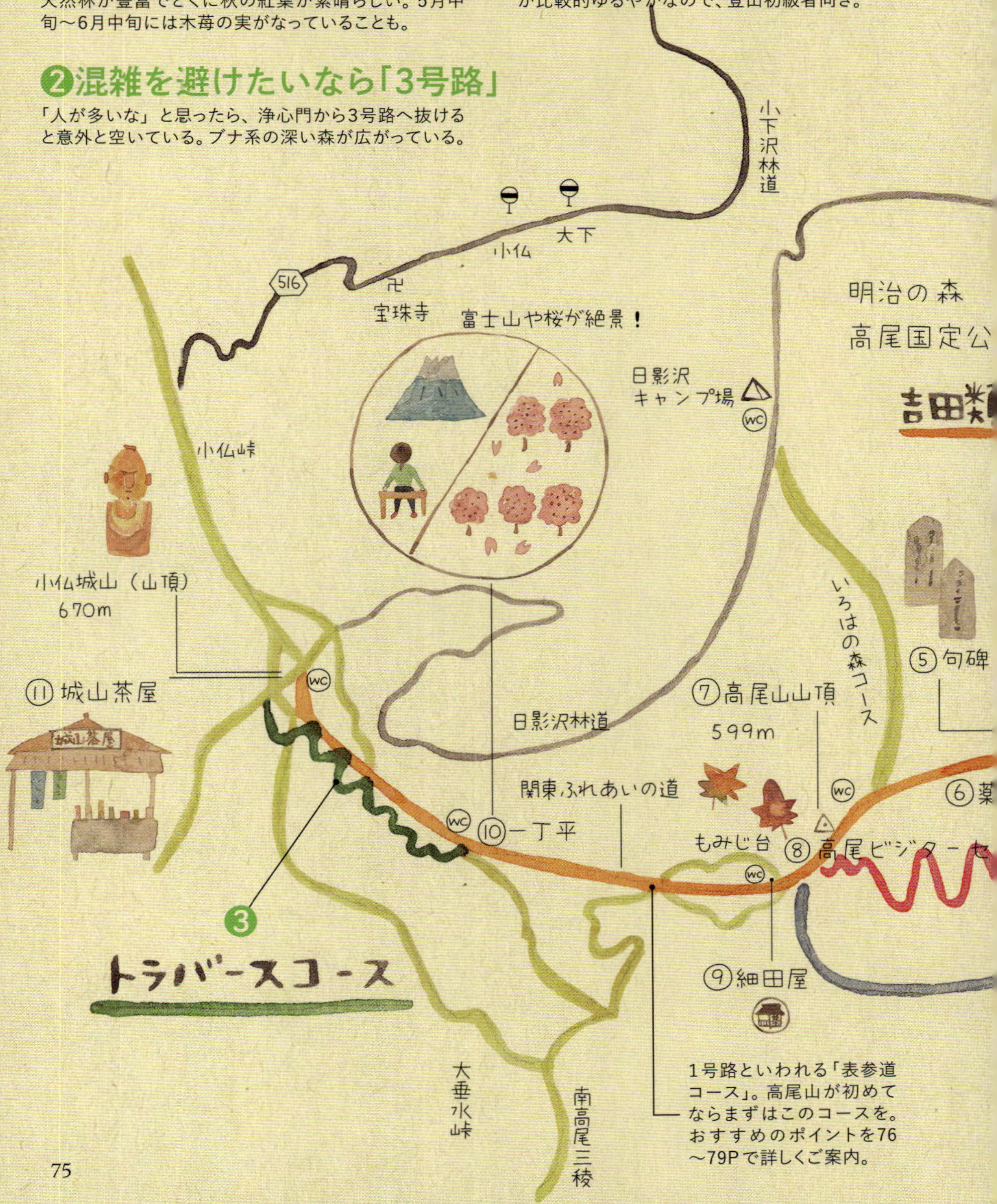

清滝駅からスタート

1 ケーブルカーに乗車

この日はケーブルカーに乗車し、約6分で中腹の高尾山駅へ。「車窓からの眺めもいいね」と類さん。31度18分の急勾配は日本一！

2 十一丁目茶屋横の展望台でストレッチ

都心や江の島も眺められる『霞台展望台』で準備体操。山中の至る所に、不動明王の従者『三十六童子』の像が建つ。像の顔の違いを探すのも楽しい。

3 浄心門から薬王院に入る

ここからが薬王院の境内であることを示す『浄心門』。「霊気満山」という扁額の文字通り、一歩足を踏み入れると、厳かな雰囲気が漂う。

4 男坂を一気に駆ける

参道を進むと分かれ道に差し掛かる。左の急な石段は「男坂」。右はなだらかな「女坂」。類さんは迷わず、男坂を駆け上がる。石段は煩悩の数と同じ１０８段。

5 句碑に思わず足をとめる

杉並木の参道を登っていくと、両側に句碑や歌碑がずらりと並んでいる。「碑に注目する人が少ないのが残念。ぜひ歩みを止めて読んでほしい」

6 薬王院で天狗に挨拶

四天王門の近くの天狗像だけでなく、飯縄権現堂の前の天狗像にも忘れずに挨拶。

7 高尾山山頂に到着

標高599mの高尾山山頂に到着！展望台からは東京の街並み、丹沢山系、天気の良い日には富士山の姿まで見渡せる。

8 高尾山からさらに奥へ

高尾山山頂の喧騒を離れ、1時間ほど歩いて小仏城山山頂を目指す。奥高尾の尾根筋は眺望がよく、4月中旬に咲く『千本桜』の桜並木は見事。

9 細田屋のなめこ汁でひと休み

高尾山山頂から10分ほどで、紅葉が見事なもみじ台にある茶屋「細田屋」へ。「高尾名物のなめこ汁は、山頂に近づくほど味が濃くなる。汗をかくから、その塩分補給のためだね」となめこ汁とビールで休憩。味噌仕立てのなめこ汁は1杯350円。

10 一丁平で富士山を望む

「雲がなければ富士山を拝める絶景ポイント」という一丁平の展望デッキからは、丹沢や富士山方面を一望できる。春にはお花見スポットとしても人気。近くにはベンチやテーブル、トイレもあるのでひと息つくこともできる。

11 目的地の城山茶屋で一杯!

「ここで飲むお酒は格別!」と、類さんもリラックス。小仏城山山頂は高尾山ほどの混雑はなく、ゆったりとした時間が流れる。1日に300杯近く出ることもあるという名物のなめこ汁(250円)は、珍しい醤油仕立て。

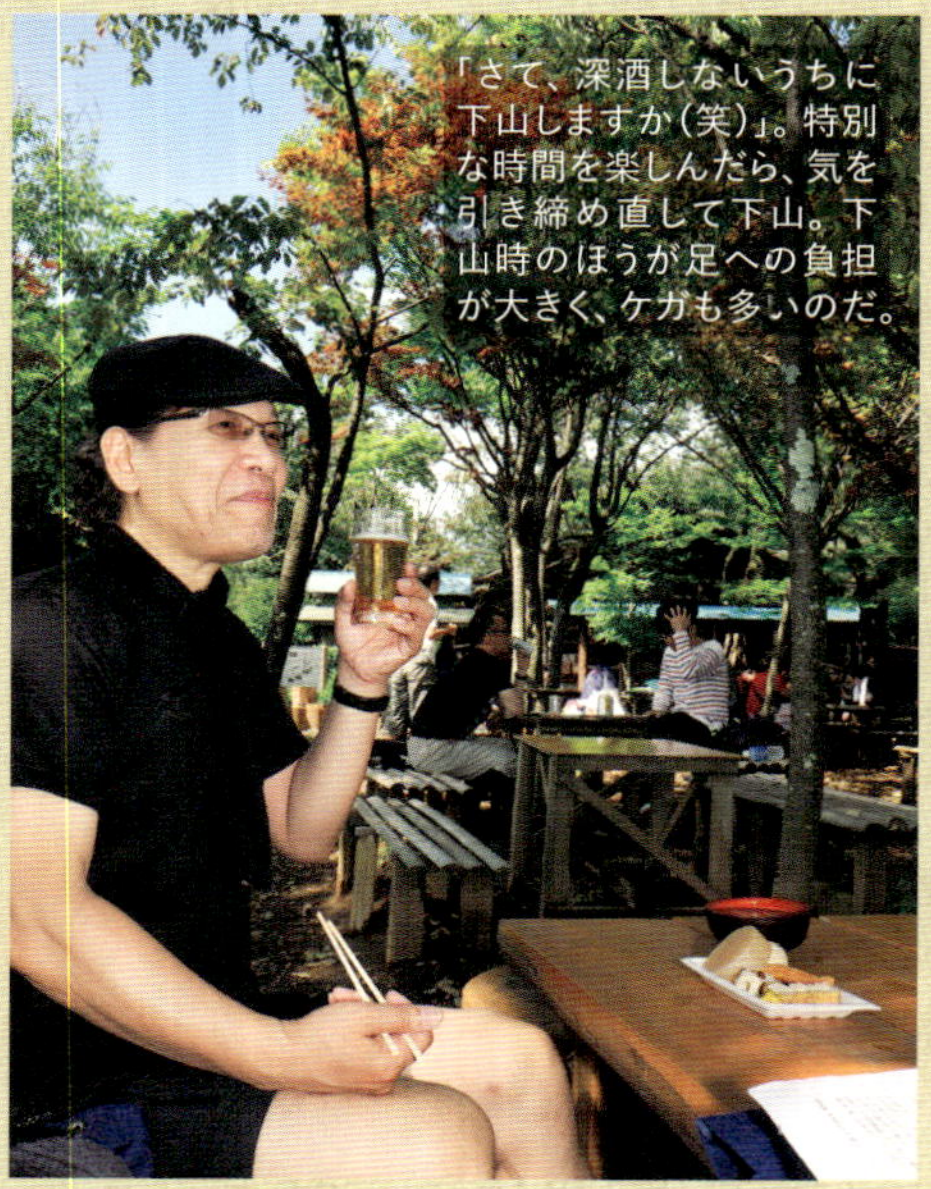

「さて、深酒しないうちに下山しますか(笑)」。特別な時間を楽しんだら、気を引き締め直して下山。下山時のほうが足への負担が大きく、ケガも多いのだ。

12 疲れを足湯で癒す

「修行明けのような開放感。想像以上に癒されるね!」と類さんもご満悦。ここでは足湯のほか、本格的なイタリア料理も楽しめる。往復約4時間の登山疲れもこれでリフレッシュ。

Fu《ふ》Mo《も》to《と》YA《や》

東京都八王子市高尾町2241
042-667-7568
11:00〜17:30(2月のみ〜17:00)
土・日・祝　10:00〜18:30(2月のみ〜18:00)
無休
足湯利用料　200円
(食事利用なら無料)
利用時間　平日30分、土・日・祝20分まで

登山のあとは蕎麦で締める

栄《さかえ》茶屋

東京都八王子市高尾町2479
042-661-0350
11:00〜18:00
不定休

子持ち鮎の甘露煮（右上）550円。生芋こんにゃくの柚子味噌かけ（右中）450円。わらびのお浸し（右下）400円。岩魚の塩焼き（左上）1匹750円。自然薯豆腐（左中）350円：添えられた塩で。せいろ蕎麦・冷（左下）730円。いずれの素材も国内産にこだわっている。

参道に面し、休日は参拝客で混雑をみせる。蕎麦、川魚・山菜料理を味わうことができる。類さんは月替わりの冷酒で一杯。

手打ちの蕎麦が自慢！お酒の肴も充実

登山のあとは、類さんがよく寄るという蕎麦屋で締めたい。入口脇で蕎麦を打つ職人の姿が目印のこのお店。選りすぐりの国産蕎麦粉を、季節などにより打ち方を変えるこだわりぶり。1日に約700食打つこともあるという。

蕎麦だけではなくお酒のつまみも充実。自然薯や地元産きくらげ「天狗の耳たぶ」など、ヘルシーな食材をふんだんに使っているのが嬉しい。あれもこれもと、つい頼み過ぎてしまうのが難点だ。

東京都にありながら植物の種類は日本一

高尾山には、「日本一」といわれる冠が3つある。ひとつは日本一という より世界一であろう登山客数。それと、ケーブルカーの急勾配。最後はあまり知られていないが、植物の種類の多さである。その数、約1300種類。これはイギリス全土の植物種に匹敵し、高尾山が『自然の宝庫』と呼ばれる所以である。

高尾山は標高599mという低山にもかかわらず、冷温帯系のブナやイヌブナといった落葉樹と暖温帯系のカシなどの常緑樹、中間温帯系のモミやツガなどの針葉樹など、異なる環境の森が広がる。このような自然環境は関東地方ではほかに例がない。

また、高尾山で最初に発見された植物も60種以上。たとえば、人気を集める「タカオスミレ」。ヒカゲスミレの葉が茶色に変色したもので、赤褐色の葉が特徴的だ。登山の際は足元に咲いている花にも目を向けるとより楽しい。

もちろん、多様な植物が自生していれば、そこにいる生き物も多種多様だ。昆虫は約5000種で蝶だけでも約80種。渡りをする蝶、アサギマダラの姿も見られる。当然、植物や昆虫が多ければそれを食する野鳥も約150種と多い。都心からほど近い距離にありながら、こんなにも豊かな生態系が広がっているのが高尾山の魅力である。

後世に残さねばならない豊かな生態系

生まれてきた幸せを感じる奇跡の列島・日本

類さんが日本の山のすごさに気づいたのは、20代のときパリに渡り、ヨーロッパのアルプスを巡ったあと帰国してからだと言う。日本に戻り北アルプスをはじめ、四国山脈、北海道の利尻に至るまで山を歩いた。

「なかでも、『カムイミンタラ』と呼ばれる、北海道の大雪山は素晴らしい。カムイミンタラとは、アイヌ民族の言葉で〝神々の遊ぶ庭〟という意味。夏になると約60㎞四方が高山植物の花畑に変わるんです。雪渓を取り囲むように咲く可憐なエゾコザクラの群落はまるで淡いピンクの絨毯。それを見たとたん、地球に生まれた幸福に満たされたんです」

一方、美しい自然が壊されていく現実も突きつけられた。何年かぶりに生まれ故郷・高知を訪れたときのことだ。小学校まで暮らしたのは四国山地の主峰・石鎚山から土佐湾へと流れる全長124kmほどの仁淀川上流の山奥。昔遊んだ梨やみかんなどの果樹が混在する雑木林は人工植林となり、蝶を追いかけながら小学校へと通った野道は薄暗い林道となっていた。

「日本列島のすごさは固有種の多さです。日本にしか生息しない生物が約130種類もいる。世界遺産になっているガラパゴス諸島の固有種は、約110種類です」

だから日本は『奇跡の列島』なのだ。この事実を知っている人が少ないのは悲しいことである。

「古い酒場を建て直しても、いずれまた年月によって味がでてくるもんです。でも、自然は一度壊れると元には戻らない。知ってか知らずか、人は平気で自然を破壊してしまうんです」

写真提供：高尾登山電鉄株式会社

旨いお酒が飲めるのも豊かな自然があってこそ

「旨いお酒が飲めるのは、水がきれいなおかげ。その背景には素晴らしい自然があるからです」と、類さんは説く。

「昔、ヨーロッパの山々を歩いたとき、軟水が湧き水として出るのは珍しいと知りました。国土や地殻物質などの違いなのでしょうが、日本は軟水が多い。そしてとても水がきれいなんです。だからこそ、おいしいお酒が造れるわけです」

おいしいお酒も肴も、豊かな自然があってこそ。新鮮な食材をもたらしてくれる自然との共生なしに、人の未来はない。

大都会の隣にある高尾山が、自然の魅力、大切さを知るきっかけになってくれればと願う、類さんなのであった。

吉田類の〝山登り〟の心得！

一、ただ「登る」のではなく自然を感じる

「山に登るのはそこに山があるからだ」という、登山家ジョージ・マロリーの言葉は有名だが、類さんが山に登るのは「そこに自然がある」からだ。人間は自然がなければ生きてはいけない。都会人にとって山に登ることは、必要な野生を取り戻す行為である。登山中は大いに自然を感じよう。

二、山は五感を研ぎ澄ますところ

俳句にしろ、詩にしろ、創作に必要なのが「感性」だ。感性は五感に磨きをかけることによって養われる。この感性は創作のみならず、人が生きていくにはなくてはならない。感性のない人間は、羅針盤を持たずに人生を航海しているようなものだ。山に登り、大自然に身を置くことで五感を研ぎ澄まそう。

三、自然のエネルギーを吸収し、野生に戻る

都会暮らしが続くと、自然が恋しくなる。人間が本来もつ、「野生」が涸渇しているからにほかならない。それに気がつかない人は、人間も自然の一部であるという、野生を忘れているのだ。山に入り深呼吸をしてみよう。自然の息吹がエネルギーとして身体の隅々に広がり、心身ともに元気になるはずだ。

四、山に登って、街を知る

人の暮らしは街の中にある。暮らしの中で行き詰まったり、楽しみを失ったときは、山に登ろう。自然の雄大さを身に感じ、この地球という星に生きている自分が実感できれば、街で暮らす自分の居場所もわかってくる。街と自然のバランスをとることが、人間が生きていくうえで重要なのである。

五、山で飲む酒に勝るものはなし

空気がおいしいと食べ物も旨い。山に登って食べるお弁当は格別だ。お酒も同じ。大自然での一杯は至福だ。渓谷に流れる水でウイスキーの水割りと洒落こめば、生きてきてよかったと実感できる。ただし、飲みすぎは厳禁。命取りになりかねない。山小屋で仲間と飲むのも楽しいが、こちらもほどほどに。酒に酔わずに、山に酔おう。

自然を愛でつつ茶屋でひと息

ケーブルカーの横に3つの〝福〟

そば処香住《かすみ》

東京都八王子市
高尾町2181
042-665-1808
9:30〜15:30
無休

田楽（左）5枚420円：自家製の味噌ダレがおいしい。とろろ蕎麦・温（下）830円：羅臼昆布やカツオなどで出汁をとったつゆは飲み干す人も多い。

天狗焼（上）140円：カリッとした生地に北海道産黒豆がゴロリと入る。餡は甘さ控えめ。三福だんご（左）310円：炭火のわら台で焼かれ、外は香ばしく中はモチモチ。だんごは、上から大福、幸福、裕福の3つの「福」に見立てられている。

登山前の腹ごしらえに あっさりとろろ蕎麦

ケーブルカーの高尾山駅すぐ横にある茶屋。子どもから大人まで食べてもらいたいというとろろ蕎麦は、一見濃いめに見えるが、大和芋のとろろがなじみ、あっさりとした味。開店すぐ、登山前の腹ごしらえに利用する人も多いとか。

奥にある展望台には望遠鏡があり、新宿副都心のビル群、スカイツリー、江の島や房総半島などが眺められる。隣の売店で買える天狗焼は、行列ができるほどの人気。

霞台展望台に隣接するベランダ席では、絶景を眺めながら食事ができる。煮込みおでん(下)550円：生姜がきいた味噌仕立て。「味噌を売ってほしい」と言われることも多い。生ビール中は夏季限定700円、瓶ビール大700円。

100年以上参拝者を見守る老舗

十一丁目茶屋《じゅういっちょうめ》

東京都八王子市高尾町2179
042-661-3025
10:30～16:00
不定休

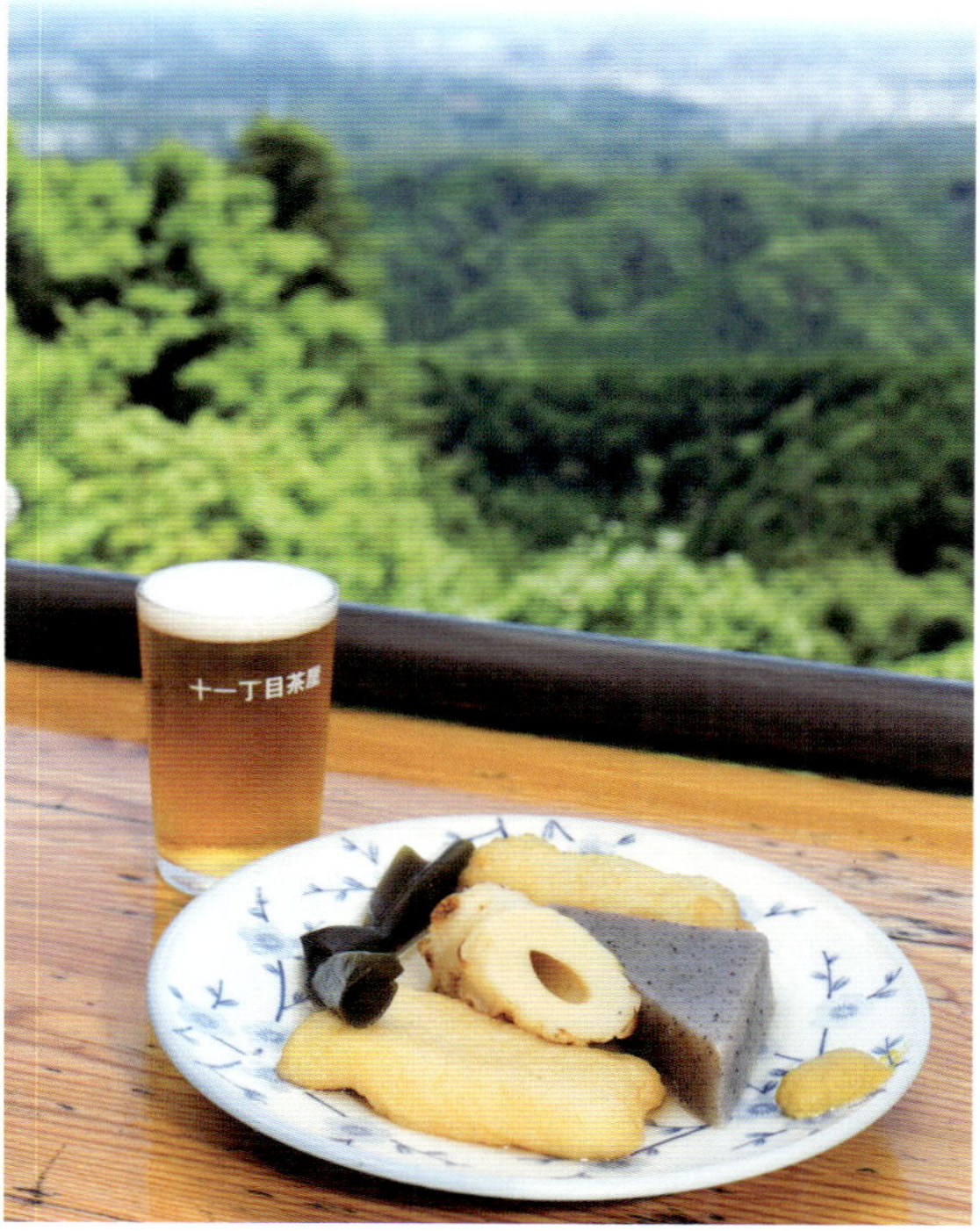

とろろ蕎麦(中)900円：大和芋のとろろは黄身とよく絡めて。山菜盛り合わせ(下)700円：やまうどとふきのとうの油炒め、味噌味のたけのこの3種。

薬王院から十一丁目にあることから店名に

明治32年創業。お寺に勤めていた初代が、参拝者の休憩所としてお茶を振る舞ったのが始まり。茶屋名は、薬王院から十一丁目（1丁約110ｍ）にあることに由来。店で待ち合わせする参拝者が呼び合い、やがて店名になったという。

4代目・高城《たかぎ》正守《まさもり》さんは類さんと旧知の仲。店は息子に譲ったがいまも店頭に立つ。店内に飾られた明治40年頃の店が写る絵葉書には、着物姿の人も見られ往時を偲ばせる。

男坂を抜けたら ほっとひと息

ごまどころ 権現《ごんげん》茶屋

東京都八王子市高尾町2177-2
042-661-2361
11:00〜16:00
不定休
（季節、気候により変動有り）

天狗らーめん1000円：天狗にちなんだ10種類の具（テン具）が盛りだくさん。なかでも天狗の鼻をイメージした雑穀とろろ棒は、とろろをつなぎに雑穀を練ったもの。外はカリッ、中はモチッと絶妙な揚げ具合い。

わらび餅ごま蜜かけ（左）400円：オリジナルの練りごま黒蜜。ほどよい甘さに登山の疲れも癒される。生酒「高尾山」冷2合（左）600円：コクがあり、キリリとした味わいの生酒。

八王子の人気店が考案した高尾山の新名物

もともと薬王院が営んでいた茶屋を譲り受け、平成21年にリニューアルオープン。男坂の疲れを癒す人たちでいつもにぎわう。

食事から甘味にいたるまでとことんごまにこだわっている。名物の「天狗らーめん」は、ラーメン店の激戦区八王子にある、系列店「らーめん西海《さいかい》」の敏腕スタッフたちが総力をあげて作り上げた逸品。もちろん、ここでしか食べられない。

天狗そば1300円：えびは天狗の鼻、白きくらげは髭、まいたけは羽団扇をイメージした天ぷらがのった蕎麦。山菜も器から溢れんばかりでボリュームたっぷり。細麺と太麺の混ざった乱切り蕎麦はこちらのオリジナル。

山門前に構える展望が自慢の茶屋

高尾山門前《もんぜん》もみじや

東京都八王子市高尾町2177
042-661-2360
11:00～15:00
不定休

こんにゃく味噌おでん（下）500円：柚子がきいたオリジナルブレンドの味噌が絶品。地酒「高尾山」420円：高尾山お馴染みの日本酒。冷酒、冷や、熱燗と飲み方はそれぞれで。

高尾山を知り尽くす店主がもてなす茶屋

薬王院山門の真ん前に佇む茶屋。窓際の眺望席が人気で、待ってでもこちらに座りたいというお客も多い。ポール・マッカートニーがお忍びで訪れた際もここに座ったようだ。

四季折々の美しい自然はもちろん、「雨上がりにキラキラゆらめく景色もキレイ」とは店主・峯《みね》尾《お》洋《よう》子《こ》さん。子どもの頃はここから学校に通い、山中を駆けずり回ったと言う。話しかければ、隠れた見どころを教えてくれるかも。

たぬきとろろ(冷)1030円。:コシのある田舎風乱切り平打ち麺。生ビール中670円。天気がよければテーブル席から富士山が望める。

70年近い歴史をもつ山頂のオアシス

大見晴亭《おおみはらしてい》

東京都八王子市高尾町2176
042-661-3880
10:30〜15:00
木休

濃いめのつゆで体に塩分補給

山頂の標識、二等三角点の目の前にある大見晴亭。70年近い歴史をもち、現在の永濱《ながはま》文弥《ふみや》さんで3代目。「子どもの頃から店を手伝い、父から出汁の取り方を学んだ」という蕎麦つゆ。カツオの風味がしっかりときいていて、登山客の疲れた体に合わせて少し濃いめの味が特徴だ。

絶好のロケーションと手打ち蕎麦が自慢!

曙亭《あけぼのてい》

東京都八王子市高尾町2176
042-663-1386
10:00〜16:00
不定休

富士山を拝みながら山頂で一杯

山頂の展望台・十三州大見晴台から最も近くにある、赤い屋根が目印の茶屋。店内からの眺望は最高で、富士山や丹沢山系を眺めながらすする蕎麦は格別の味わいだ。

細麺と太麺が混ざりあった不揃いの麺は食べごたえがあり、登山で空腹になったお腹を満たしてくれる。

とろろ蕎麦(温)1000円:太さの違う麺にかつお風味のつゆ、とろろ、卵がよくからむ。みそ田楽(3本)500円:生姜のきいた味噌が絶品!

座敷席、テラス席のあるくつろぎの茶屋

御食事処 やまびこ茶屋

東京都八王子市高尾町2176
042-661-3881
9:30〜16:00
(夏・冬の平日は〜15:00)
不定休

山菜とろろそば(下)1050円：名物のとろろに、わらびやぜんまいなど山菜6種が入った人気メニュー。蕎麦は単品のほか、プラス150円でおにぎりが付くセットもある。生ビール中700円。

風味おでん(下)550円：出汁が染み込んださつま揚げ、はんぺん、ちくわなど5種盛り。地酒「髙尾山」560円。

カレーやおでんなどメニューが充実

戦時中の見張り小屋を改築して昭和20年に創業。山頂より一段低いところに位置し、落ち着いた雰囲気を見せている。店内には靴を脱いで上がれる座敷席もあり、ついくつろぎすぎて、長居してしまいがち。奥多摩の山並みも望めるテラス席もある。

4種のルーをブレンドした特製カレーライス（850円）など、ご飯もののメニューは、山頂周辺では唯一ここで味わえる。

高尾山

天狗の伝説とともに

真言宗智山派《しんごんしゅうちさんは》
大本山髙尾山薬王院《だいほんざんたかおさんやくおういん》

正式名称は髙尾山薬王院有喜寺（ゆうきじ）。成田山新勝寺、川崎大師平間寺とともに関東三大本山として知られる。744年、行基（ぎょうき）により東国鎮護の祈願寺として開山。

東京都八王子市高尾町2177
042-661-1115
9:00〜16:00

山に語り継がれる天狗の逸話の数々

薬王院の入口の四天王門をくぐり抜けると、すぐ右手に2体の天狗像が鎮座する。右は鼻が高く団扇を持った大《だい》天狗《てんぐ》。左は剣を持ち烏《からす》のようなクチバシをした小天狗《しょうてんぐ》（烏天狗）。この天狗像を見上げながら類さんがひと言。

「僕のふくらはぎの筋肉は、この天狗像と似ているでしょう。僕と天狗はいつも山の中を走っているからね（笑）」

山道を軽やかに登る類さんの姿を見ると、天狗もこんな風に山の中を駆け巡っているのではと想像が膨らむ。

高尾山は昔から「天狗の住む山」と呼ばれ、多くの伝説が存在する。また、参道や境内にも、天狗に由来するものが残っている。たとえば、浄心門より手前の樹齢450年以上の「たこ杉」もそのひとつ。昔、天狗たちが薬王院に続く参道を造る際、立派な一本杉が四方に根を張っていた。天狗たちは引き抜いてしまおうと相談するが翌朝、一本杉は邪魔にならない所に移動していたという。その根がたこの足に似ていたことから、この名がついた。「道が開けた」ことから開運のご利益があると、今では人気スポットだ。

道中に立ち寄った茶屋で、冗談交じりに天狗について尋ねてみた。すると、「昔は街灯がなくて暗かったから、天狗様が出るんじゃないかと怖かった。そういえば天狗様みたいな人をみかけて驚いたこともあったわね」（「もみじや」店主・峯尾洋子さん）。「子どもの頃、毎朝店の前の山道を駆け下りてくる人がいて、天狗様かと思っていつも物陰に隠れた」（「十一丁目茶屋」4代目・高城正守さん）と、高尾山で生まれ育った店主たちは一様に語り出す。後に天狗様と恐れていた人は、薬王院に住み込み、御護摩《おごま》札《ふだ》をつくっていた男性とわかったそうだ。ちなみに、高尾山の天狗は名物である蕎麦やとろろが大好きというが、はてさて。

「山を命の源と考え、山とひとつになって修行します」

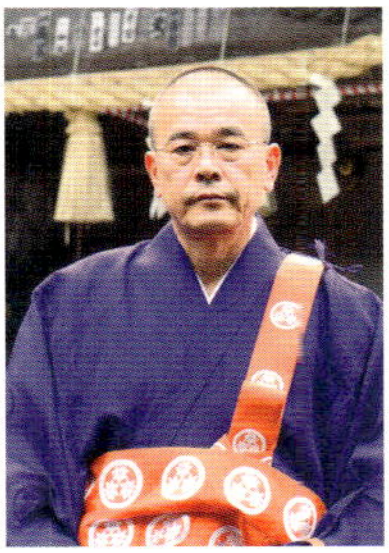

高尾山薬王院修験部長
中原秀英《なかはらしゅうえい》さん

僧侶、山伏。1959年生まれ。20歳で薬王院へ入山。山伏修行では、琵琶滝や蛇滝に打たれる水行などが行われる。中原さんの高尾山のおすすめは〝冬〟。「雪が降るとあたり一面、真っ白な綿帽子をかぶったよう。霊気が満ちて山の命を感じられます」

飯縄権現堂には御本尊・飯縄大権現が祀られている。その入口には鼻の高い大天狗(中)と烏のクチバシをもつ小天狗(左)の像が控える。四天王門近くの像に比べると小ぶりだが、凛とした美しい佇まい。

山伏の修行姿は まさに天狗そのもの

「天狗様は、薬王院の御本尊である飯《い》縄《づな》大権現《だいごんげん》に仕える随身《ずいしん》です。除災開運、災厄消除など、神通力を持つとされています。羽が生えており、参拝に来られない方もお札を持っていれば加護する役割を担っています。天狗伝説の始まりは、山伏のことではないかと考えます。天狗伝説の残る山は各地にあり、それらはほぼ修験者のいる山。山伏は山道をよく知っていますし、体力もある。修行姿は天狗に似ていますからね」とは、薬王院法務部修験部長・中原秀英さん。

　山伏とは、修験道の行者のこと。修験道は日本古来の神道のひとつである山岳信仰で、山には神々が宿ると信じられてきた。山自体を御神体として拝み、その中に籠って厳しい修行をすることで験《しるし》(縁起やご利益)が得られる。

　高尾山も古くから修験道の霊山として知られ、いまも火の上を素足で歩く火渡りの火行や、琵琶滝《びわたき》や蛇滝《じゃたき》に打たれる水行を中心に、山伏修行が行われている。中原さんは言う。「修験道は生活の中にある信仰で、山は命の源と考えます。人は死ぬと山の神になり、水とともに里へ帰り、田を潤し生活の糧を与えてくれる。反面、土砂災害などを起こす魔物にもなる。山で修行する山伏にとって、山の生き物はすべて自身と同等の命であり、自らも自然の中のひとつなのです」

　修行する際のおもな出で立ちは、鈴《すず》懸《かけ》という法衣をまとい、結袈裟《ゆいげさ》を肩にかけ、頭に頭巾をかぶるという。たしかに、その姿は薬王院に建つ天狗像とそっくりだ。山伏たちが山を駆け巡ったり、修行したりする姿が、人知を超えた能力を備えるものとして、天狗と重なって見えたのかもしれない。

　修験道の修行の場である高尾山。修行とはいかなくても山を歩いていると素直に自分の心と向き合える。きっと天狗様は傍にいて、私たちを見守り、ときに間違いを正してくれることだろう。

天狗だけじゃない!

高尾山薬王院
僧侶のおすすめポイント

修験部長
中原秀英さん

数々の見どころがある薬王院だが、なかでも見過ごしがちなポイントをご紹介。とくに御護摩祈祷《おごまきとう》は時間を合わせていく価値ありだ。

! ほら貝を吹き大本堂へ

ほら貝の音が聞こえてきたら御護摩の合図。この音には説法の意味もある。僧侶たちは行列をなし、仁王門を抜け大本堂へ御護摩祈祷に向かう。「1日に5回。9時半、11時、12時半、14時、15時半に大本堂で行われるので、ぜひご参加ください」

! 洞穴の中は天狗の住みか!?

大本坊の奥にあり、見逃してしまう人が多いのが福徳弁財天。鳥居をくぐって階段を上り、背をかがめて覗くとまるで天狗が隠れていそうな薄暗い洞穴が見える。中には福徳円満、平等利益をもたらしてくれる尊天様が。勇気を出してお参りしよう。

大本堂奥にある江戸時代後期に建立された飯縄権現堂。全体に施された極彩色豊かな彫刻の装飾は必見。麒麟や青龍など空想上の動物が隠れている。なかでも吉の象徴とされる「白象(はくぞう)」を見つけたら幸運になれると、パワースポットとしても人気になっている。

! 見つけたら幸せになれる白象

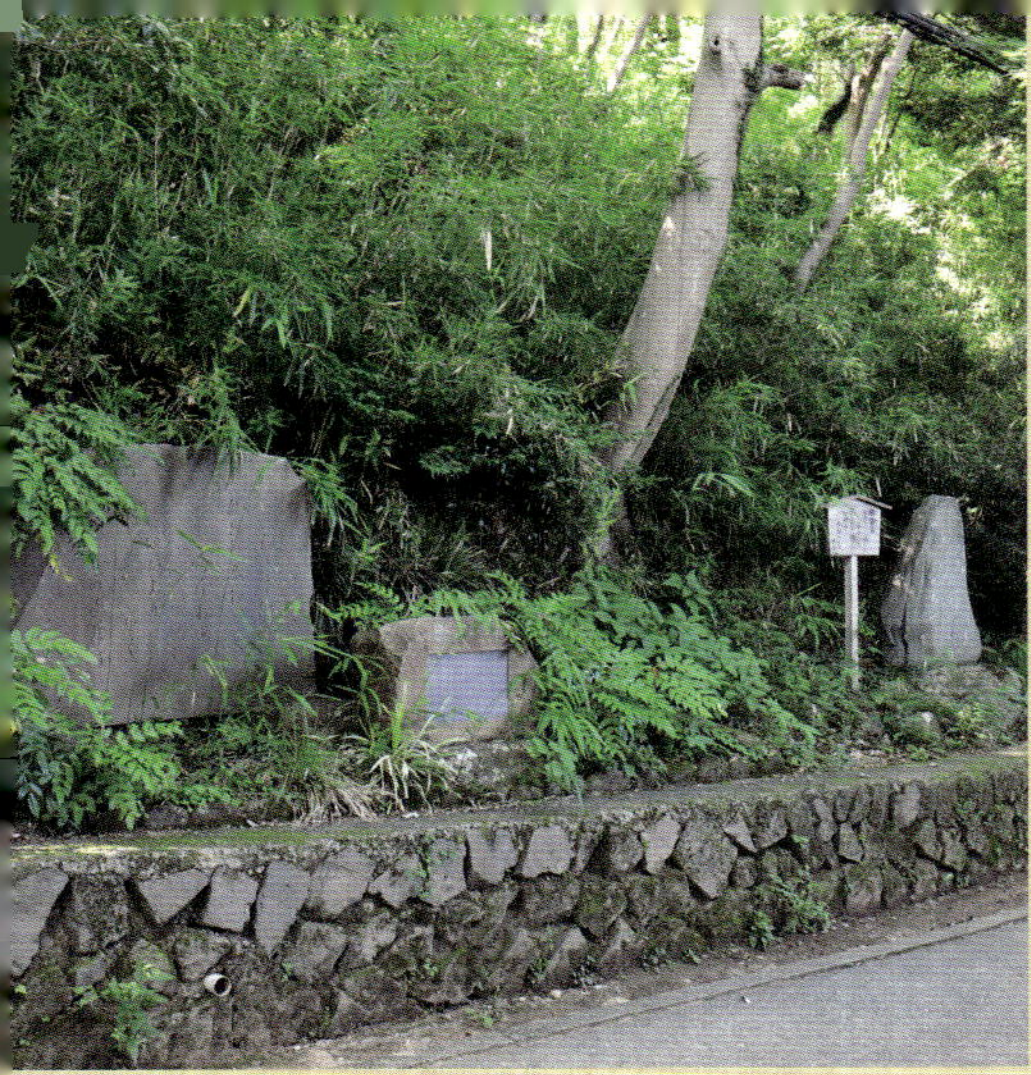

ふと山道を横見れば

高尾山の句碑を散策

高尾山の山道には多くの句碑が点在する。
俳句に親しみがない人でも、ぜひ足を止めて見てほしい。自然の中で読む句は、何か新しい気づきがあるかもしれない。

高尾山は、昔から多くの俳人や歌人が訪れ、彼らに愛されてきた。俳句における写生の大切さを重んじた正岡子規は、1892（明治25年）12月7日に内藤鳴雪《ないとうめいせつ》らと高尾山を訪れたときのことを『高尾紀行』に記している。そのときに詠んだ句が、「麦蒔きや　たばねあげたる　桑の枝」である。

俳句愛好会『舟』を主宰している類さんも高尾山に登っては、俳句を詠んでいる。また、それだけではなく、高尾山の随所にある句碑を探すのも楽しみのひとつと言う。高尾山には、所縁のある人や地元で有名な俳人・歌人の句碑や歌碑が数多く建っている。たとえ同じ句でも、その時々の自らの心境、訪れた季節、天候などによっても、違った味わいを感じられるそうだ。

それでは、類さんの案内のもと、お気に入りの俳句を探しに行こう。

薬王院の参道脇に佇む高尾山所縁の名句の数々

煩悩の数だけあるという108段の階段、「男坂」を登り切ったところから薬王院に続く参道の脇に、句碑や歌碑がずらりと並ぶ。

夕紅葉
下山の僧と
語らひて
緑峰

日本人の愛でる自然美の代表格といえる紅葉。この「紅葉」という季語はほかの語と結びついてよく用いられ、その句を印象的にし、心に残るものにする。

夕陽を背にあたり一面、燃えるように染まる紅葉。紅葉のトンネルをくぐりながら美しい光景について僧と語り合う、そんな晩秋の情景が目に浮かんでくる。

「この句碑のほど近くにある薬王院・御本堂脇の真紅に染まる紅葉も見事ですよ」とは、類さん。秋に訪れた場合は、ぜひともこの句を読んだあとに観賞したいものだ。

桑都とは
うれしき名かな
春の月
古泉居

「桑都」とは、桑の栽培や養蚕の盛んな絹の町という意味。高尾山のあるここ八王子も昔は養蚕が盛んであった。桑の葉を食する蚕が、卵からかえる春。そんな春の訪れを喜ぶ気持ちを詠んだ一句である。秋の澄んだ月に比べ、春はうっすらとベールのかかった朧月《おぼろづき》が見られる。矢島古泉居が見た春の月は、どんな月だったのだろうか。

かなかなの
かなかなさそふ
谷浄土
ひろし

「かなかな」とは、蜩《ひぐらし》のこと。その鳴き声からきた呼び名だ。類さん曰く、「かなかなと鳴いているのは、ただ鳴いているのではなくて、誘っているんです。いったいどちらが誘っているんでしょうね」

谷浄土とは、浄土の谷という高尾山全体のことを表す。「蜩」は夏に鳴くイメージだが秋の季語で、どこか物悲しさを感じさせる。ジリジリと照りつける夏の陽射しが和らぐなかで、朝夕に誘い合うように鳴く蜩の声があたりにこだまする。ぜひ、声に出して詠んでほしい語呂のいい句である。

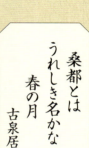

むささびや
大きくなりし
夜の山
敏雄

「夜になると、山が一層大きく感じられることを表現しています。むささびは高尾山ではよく観察されている動物で、木の洞穴に巣があるので見つけやすいですよ」

戦争をテーマにした句を多く残した、八王子市出身の三橋敏雄が復員後、初

めて薬王院にお参りに訪れた際に故郷の山を詠んだ句。むささびが木に止まる姿は、愛らしいリスの姿に似ている。ところが一転、樹々の間を滑空する姿はダイナミックだ。前足から後ろ足にかけてある飛膜を約40㎝四方に広げて飛ぶ姿から、「空飛ぶ座布団」とも称される。夜の闇を飛ぶその姿を見た昔の人たちは、妖怪と思っていたというのもうなずける。

句に刻み込まれた 俳人たちの魂が心に響く

薬王院入口に建つ四天王門をくぐると、出迎えをしてくれるのが大天狗と小天狗像。ほとんどの人はこの像にだけ注目しているが、そのすぐ脇にある句碑にも、目をとめてもらいたい。

春風にのり
大天狗
小天狗
立子

「ふんわりあたたかく心地よい春風にのって駆け巡る天狗の姿が、ストレートに描かれています。まさに、ここにぴったりの句。のびのびとしていて、屈託のない素直な表現が魅力です」

「客観写生」「花鳥諷詠」を提唱した俳人・高浜虚子の次女であり、女流俳人の先駆けのひとりとなった星野立子《ほしのたつこ》。

虚子は立子のやわらかさと鋭さを兼ね備えた才能を高く評価し、立子の手帳に「私はあなたの生涯を見ることができないことを残念に思う」と書き残したという。立子の句碑の隣には立子の娘・椿の句碑も建っているので詠み比べてみよう。

ここで紹介した句は、高尾山に点在する句碑のほんの一部である。ほかにも多くの素晴らしい句があるので、ぜひお気に入りの句碑を探してみてほしい。

清らかな空気漂う自然の中で、俳人たちが五・七・五の音律に刻み込んだ魂に触れると、また違った高尾山を発見できるはずだ。

街の歴史を紐解く

街の散策は、その地域の歴史を知っておくと一味違ったものになる。「吉祥寺」に同名の寺が存在しない理由。「深川」に受け継がれる下町気質の系譜とは。大都市近郊にありながら、「高尾山」にはなぜ豊かな自然が残るのか。いまの街を形成するのに、どのような経緯や出来事があったのか、その街の「物語」を紐解いていこう。

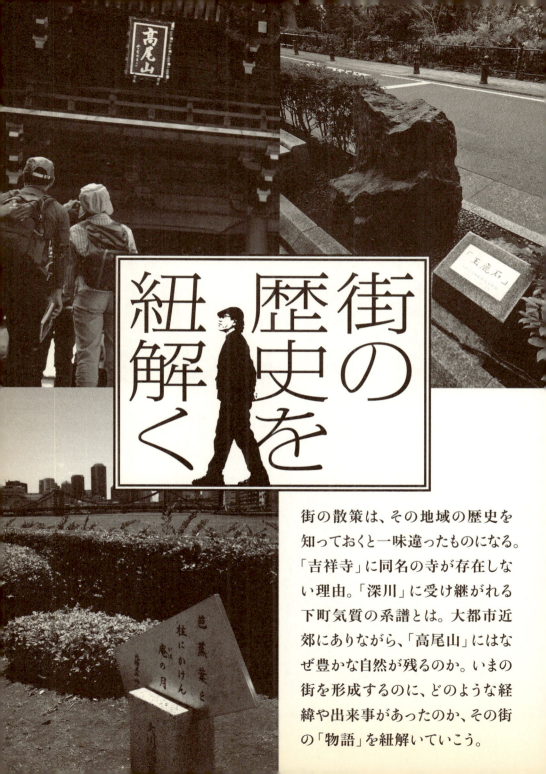

「吉祥寺」物語

かつて、80年代に若者がこぞって闊歩していたお洒落な街に、洗練さとのどかさが融合し、今や東京で一番住みたい街といわれるようになった「吉祥寺」。東京23区に隣接する武蔵野市の中心街で、都心の新宿や渋谷からも短時間でアクセスできる好立地にある。井の頭恩賜公園と繁華街という、自然と都会が融合した、全国的にも有名なこの街の成り立ちは、吉祥寺村の誕生にまでさかのぼる。

吉祥寺と同じＪＲ中央線にある高円寺駅近くに「高円寺」という寺がある。同じく、国分寺駅にも「武蔵国分寺」がある。吉祥寺駅周辺にも「吉祥寺」があると誰しも思うことだろう。しかし、吉祥寺に同名の寺は存在しない。じつは、駅名の由来となった吉祥寺は、東京文京区の本駒込にある。それがなぜ、武蔵野の地名になったのか。

吉祥寺は、長禄2年（１４５８）の江戸城築城の際に、井戸より「吉祥増上」の刻印が出たことで、江戸城を築いた太田道灌《おおたどうかん》がこれを吉兆として奉り、城内西の丸に建てた「吉祥庵」がその始まりとなる。

その後、大永年間（１５２１‐１５２８）に、永源寺から招いた青巌周陽《せいがんしゅうよう》により吉祥寺として開山され、徳川家康の江戸城入城に伴い、天正19年（１５９１）に神田台（今の駿河台）へ移転した。

明暦3年（１６５７）、吉祥寺は明暦の大火で被害を受け、さらに翌年の吉祥寺大火で焼失する。明暦の大火のあと、幕府は防災のために武家屋敷や寺社の移転と町の整備を積極的に進め、それによって、吉祥寺は本富士《もとふじ》町《ちょう》（今の本駒込）に移転する。

一方、火事で焼失した土地は武家屋敷として整備されることになり、焼け出されて江戸近郊に移住していた町人には、幕府より寺への拝領地として、武蔵野台地の約200坪の札野《ふだの》が、5年間の扶持米《ふちまい》給付と造宅費用の貸与という条件で与えられた。札野とは幕府の所有する茅刈場で、高札を立て、立ち入りを禁止した場所をいう。

吉祥寺の山門。江戸時代には曹洞宗の学寮として多くの学僧が学んだ（文京区本駒込3-19-17）。

都市計画と、人口増による食糧不足を解消するための幕府の策だったが、焼失した吉祥寺の門前町に住んでいた浪人・佐藤定右衛門《さとうさだえもん》、宮崎甚右衛門《みやざきじんえもん》たちが開拓者に名乗りをあげた。万治2年（1659）、百姓の松井十郎左衛門《まついじゅうろうざえもん》と協力して土地を開墾し、吉祥寺門前町の住人らが移住を始め、寛文2年（1662）には、今の港区芝である西久保城山町の農民たちも札野に移住した。

一時は神奈川県だったことも!?
「吉祥寺」の地名の変遷

江戸時代までの武蔵野はいわゆるススキ草原で、当時の吉祥寺周辺は、クヌギやコナラなどの落葉広葉樹林で覆われた、人が住まない原野だった。土地は関東ローム層の、作物が育ちにくい粘土化した赤土だったが、すでに開通していた玉川上水によって農地化が進み、村落が少数ではあるが形成されていた。

こうして、吉祥寺の門前町からの移住者の村は「吉祥寺村」と名付けられた。

寛文４年（１６６４）、幕府代官・野村彦《のむらひこ》太夫《だゆう》による検地が行われ、それをもって吉祥寺村が正式に成立し、元禄16年（１７０３）、村域の拡大により吉祥寺新田村となる。

その後、吉祥寺村は翻弄の時代を迎える。慶応４年（１８６８）の府藩県三治制により「韮山《にらやま》県吉祥寺村」となった後、明治に入り、武蔵野県、品川県六番組、東京府へと編入が続く。そして、廃藩置県の翌年、明治５年（１８７２）には、神奈川県に移管されて「神奈川県北多摩郡吉祥寺村」となる。

さらに、大区小区制施行に伴い、明治６年（１８７３）には「神奈川県第11大区４小区」となり、明治11年（１８７８）には、郡区町村編制法により、「神奈川県北多摩郡吉祥寺村」に、明治22年（１８８９）には、町村制施行に伴い、「神奈川県北多摩郡武蔵野村大字吉祥寺」となった。

吉祥寺村の変遷はこれに終わらず、明治26年（１８９３）、北多摩郡が東京府へ移管され、「東京府北多摩郡武蔵野村大字吉祥寺」となる。その後、武蔵野村が町制、東京府が都制に。昭和22年（１９４７）には、武蔵野町が市制を施行し、「東京都武蔵野市大字吉祥寺」となり、ようやく落ち着いたかにみえたが、昭和37年（１９６２）には、武蔵野市内の町名整理が行われ、吉祥寺本町、吉祥寺東町、吉祥寺南町、吉祥寺北町、御殿山、中町に分割されることになる。そして現在、「吉祥寺」のみの地名はなくなり、ＪＲ中央線の駅名に使用されるかぎりとなった。

吉祥寺の発達にかかせなかった玉川上水と鉄道

玉川上水は、吉祥寺村の開拓にかかせない水路であった。悪水に悩まされていた江戸に飲料水を送ることを目的に、幕府が承応元年（１６５２）に計画。多摩川から水を引き入れる上水路の開削は、工事の総奉行に老中・

松平《まつだいら》伊豆守《いずのかみ》信綱《のぶつな》、水道奉行に伊奈《いな》忠治《ただはる》が就き、玉川《たまがわ》庄右衛門《しょうえもん》・清右衛門《せいえもん》兄弟が工事を請負って、多摩川の羽村から江戸の四谷までの全長43kmを約1年で完成させた。

　玉川上水には多くの分水路があるが、吉祥寺村に水を供給した千川上水は、別名・桜上水とも呼ばれ、元禄9年（１６９６）に幕府の命により河村瑞賢《かわむらずいけん》が設計し、多摩郡仙川村の農民・太兵衛《たへえ》と徳兵衛《とくべえ》が工事を請負い完成させた。もともとは、幕府の関係地への飲料水の供給を目的としたものだったが、宝永4年（１７０７）に農業用水としての利用が許され、水田灌漑用水に使用された。

　水路ができたといっても、水量は多いとは決して言えず、さらに水の利権に関する問題もあり、吉祥寺村が農地として発展したかというと、そうでもなかったようだ。細々と存続していた吉祥寺村が大きく変わったのは、明治の産業革命以降だった。

　当時、この地方の主要運送手段は、甲州街道、青梅街道、五日市街道の3街道をつかった馬による運搬に頼っていた。ところが、輸送需要の増加に対応できなくなり、玉川上水を活用した船運の試みや、玉川上水の土堤を利用した馬車鉄道案などが検討されていたが、紆余曲折を経て白羽の矢が立ったのが、鉄道であった。

　こうして、新宿と八王子の間に鉄道を敷く計画が始まったが、路線の決定においてひと悶着が起こる。当初は甲州街道と青梅街道のどちらかに線路をつくる構想であったが、街道沿いの府中と調布、田無村などの住人が農作物や家畜への悪影響や宿泊者の減少を懸念して反対し、頓挫となる。

　その折衷案として選ばれたのが、ちょうど両街道の真ん中に位置し、当時人家がほとんどなかった、今の東中野から立川までほぼ一直線に延びる路線だった。これが現在のＪＲ中央線である。

　明治22年（１８８９）、新宿と八王子の間

に開通した甲武鉄道（中央線の前身）は、当初、停車駅が中野、境、国分寺、立川の４駅だったが、明治32年（１８９９）、有志たちの努力により、吉祥寺に駅が誕生する。

駅ができた当初は、周囲一面は畑で、旅館が１軒佇むだけだったという。しかし、大正８年（１９１９）に、中野駅から吉祥寺駅までの路線が電化される頃になると、一気に乗客が増える。東京の中心地との行き来も活発になり、周囲の人口も急激な右肩上がりをみせ、吉祥寺駅周辺は徐々に発展していく。

この発展に拍車をかけたのが、大正12年（１９２３）に起こった関東大震災だ。武蔵野には震災の被害がほとんどなかったこともあり、鉄道で交通の便がよくなったこの沿線に、多くの人たちが移り住んできた。吉祥寺周辺も住宅地が整備され、それに伴い商店も増え、学校や娯楽施設もできるようになる。昭和９年（１９３４）、現在の京王井の頭線が渋谷から吉祥寺まで全線開通し、吉祥寺はますます便利になり、市街地として大きく成長していった。

まっすぐに延びるJR中央線の線路。写真は武蔵境駅周辺。

戦後の再開発で生まれ変わり若者の憧れの街へ

関東大震災以降、都市化と近代化が進んだ武蔵野村周辺には、住居の移転だけではなく、工場の移転も多く、そのなかには軍需工場も多く含まれていた。零戦の生産でその名が知られている、中島飛行機の武蔵製作所もそのひとつだ。当時の戦闘機製造の主要工場が、その下請け工場も含めて、この一帯に製造地帯を形成した。

このことから政府は、吉祥寺駅周辺がアメリカ軍の標的となり、爆撃で延焼するのを懸念し、駅前一体を強制退去させ、更地とした。実際は、駅周辺には爆撃もなく終戦を迎えるのだが、駅周辺が更地であったことが吉祥寺の街のひとつの個性を生むことになる。それが、闇市の出現によってできた、ハーモニカ横丁だ。

闇市とは、戦後の物資の供給不足を補うべく生まれた非合法の市場で、日本各地の都市部に発生したが、東京では新宿、上野、新橋、池袋などと共に、ここ吉祥寺にも大規模な闇市が立ち並んだ。復興のための開発が進み、物流が落ち着いてくると闇市は下火になり、次第にその姿を消すこととなる。

東京も多くの闇市が、跡形もなく新たな街並みに飲み込まれていくなか、その名残を残す横丁がいくつか生まれた。新宿西口や上野のアメ横が有名だが、ここ吉祥寺の闇市跡も、飲み屋を中心に露店が並び、多いときで約150店が並んだという。

その後は再開発の話がまとまらず、店の統合が進んで店舗数は減ったが、現在はハーモニカ横丁として、当時の面影を残している。

戦後の混乱もようやく落ち着きをみせたころ、駅前の再開発の話が持ち上がる。駅前には広場がなく、道幅も狭いごちゃごちゃとした風景だったが、昭和27年（1952）から始まった民間主導の駅周辺の再開発により、道路拡張や商店街の整備、飲食街や映画館などの娯楽施設の建設が進み、吉祥寺の街はにぎわいを見せ始める。

さらに、昭和44年（1969）の中央線の複々線高架化にあわせて、行政による大規模な再開発が行われ、駅前広場の設置、道路の増設拡張などがなされた。それに合わせるかのように、百貨店などの大型の商業ビルも建ち、駅前は一気に東京有数の繁華街へと変貌することとなる。

70年代に入ると、ジャズ喫茶やライブハウスなどの若者が集う施設が増え、アングラ系のフォーク歌手や漫画家などが吉祥寺周辺に住むなどして、若者文化が一気に花開く。80年代には、雑誌などのメディアが吉祥寺を取り上げるようになり、お洒落な若者の街としてイメージが定着し、以後、吉祥寺の街は時代に合わせて成熟していく。

洗練さのなかに落ち着きを併せもった、この街の魅力を語るうえではずせないのが、駅の南側に大きく広がる「井の頭恩賜公園」の存在だ。井の頭池を囲うようにあるこの緑地は、かつては徳川幕府によって御用林として保護されていた。水がめとして使用され、町民にとっての憩いの場所でもあったようだ。明治維新後に皇室の御料地となるが、のちに東京市に下賜され、大正6年（1917）に、日本初の郊外公園として市民に開放される。以降、井の頭恩賜公園の緑は、時代が移ろい、街が発展していくなかでも変わらず、繁華街の喧噪を中和するかのように、吉祥寺の街を穏やかな空気で満たし続けている。

江戸時代、荒れ地の開拓から始まった吉祥寺は、当時には想像もできないくらい変容した。約350年の時を経て、多くの人を魅了する街へと進化してきたのだ。

昭和35年撮影の井の頭公園駅。開通当時、同駅から吉祥寺までの運賃は5銭、渋谷までは22銭だった。（写真提供：三鷹市教育委員会）

「深川」物語

東京に暮らす人々にとって、「深川」という地名の響きは一種のノスタルジーを感じさせる。それは、かつて深川と呼ばれた地名が、ごく一部に残るだけで、現在はほとんど残っていないからではないだろうか。不思議なことに、江戸時代より花開いた町人文化の代表的な地域であるにもかかわらず、現在、かつての深川地域内に「深川」とつく駅はない。

しかし、当時を偲ばせる形跡は、寺社や名所、路地のあちこちに窺い知ることができる。また、そこに住んでいた人たちの気質も脈々と受け継がれており、人々に下町情緒という郷愁にも似た感情を呼び起こしてくれる。

深川を今の地域にあてはめると、東京都江東区の西側あたりとなる。江戸時代に入るまで深川地域はその大半が浅瀬の海で、当時の海岸線はちょうど今の小名木川《おなぎがわ》の南岸にあたる。利根川と荒川の流れが運んできた土砂が積もってできた低湿地帯に、葦や蘆が生い茂る浮洲が点在するという、なんとものどかな風景であった。ところが、天正18年(1590)の徳川家康の関東入府によって、大きく変貌をとげる。

深川氏により開拓され水運、漁業の街として発展

「江戸」は、武蔵野台地の東に位置する多摩川と、利根川の沖積地にまたがって栄えた巨大都市である。家康がこの地に城をかまえ、城下町をつくるにあたって、その建設資材と生活必要品の確保は、何よりもまず取りかからなければならない急務であった。作物が育

ちにくい江戸近郊の武蔵野台地からは、それらの調達が難しいと知った家康が、まず着手したのが物資を運ぶための掘割（水路）の建設だった。

さらに、その当時有数の塩の生産地だった行徳から塩を運ぶために、隅田川の東に小名木川を造成した。浅瀬が続き船の通行が難しい、東京湾沿いを避けるために開削された水路の名は、工事を担った小名木四郎兵衛《おなぎしろべえ》の名に由来するといわれている。

小名木川は、隅田川に注ぐ深川万年川から東の中川口まで、深川の北部を東西一直線に横断する、幅三十数メートル、全長約5㎞の運河だ。今の小名木川はコンクリートで固められ、両脇にビルや家が並び、無機質な佇まいを見せているが、当時は遮るものが何もない湿地帯のなか、穏やかな流れにのって船や筏が通行していた。

寛永6年（1629）、小名木川に続く新川の開削により、隅田川は江戸川と直結し、利根川の川岸や東北の港町を結ぶ大動脈として、米、大豆、綿などの生活必需品が江戸市中まで輸送された。この水路の建設により、地方から江戸に入る物流は飛躍的に増え、幕府は中川との合流点に御番所を設けて、乗客や積み荷を取り締まるなど、小名木川は水上交通の要として機能した。

寛永9年（1632）に始まった、塩を運ぶ航路は、やがて本行徳から日本橋小網町の行徳河岸まで、毎日運航されるようになる。定期船は行徳船、もしくは長渡舟と呼ばれた。約12・6キロの航程を半日かけて結ぶこの航路は、成田不動尊へ向かう参拝客などでにぎわうようになり、人の行き来が増えることで深川はさらに活気づくようになった。

さて、深川の名称は、現在の大阪府と兵庫県にまたがる、摂津国から移り住んできた深《ふか》川八郎右衛門《がわはちろうえもん》とその一族6人が、今の富岡八幡宮の周辺となる、湿地帯に浮かぶ永代島《えいたいじま》に住み着いていた漁師をつかって開拓したことに始まる。慶長元年（1596）、鷹狩りをしにこの地に来た家康が、地名を八郎右衛門に尋ねたところ、まだ地名がないとの答えに、「苗字をとって深川とせよ」と命名したのが通説だ。深川氏による開拓は、本所、石原《いしわら》から小名木川北岸へ続き、今の森下、住吉、高《たか》橋《ばし》、常盤《ときわ》、猿江《さるえ》などの地区が、次々と耕地へと生まれ変わっていった。

慶長年間（1596-1615）に深川氏によって開拓された小名木川の北側の深川村に対し、南側は野口次郎左衛門《のぐちじろうざえもん》により開拓される。今の清澄、白河、扇橋、海辺付近にあたるこの一帯は、海浜に臨むので海辺新田と呼ばれた。元和年間（1615-1624）には小名木川沿岸に船着場が設置され、さらに摂津国から来た8人の漁師が開拓し、南側の町は開かれていく。寛永6年（1629）には、今の佐賀、福住《ふくずみ》、永代、門前仲町、富岡付近にあたる、隅田川河口も埋め立てられ、その一帯は造成に漁師がたずさわったことや、その場所に多くの漁師が住んでいたこともあって、「猟師町」と呼ばれた。

江戸当時の小名木川の風景を描いた浮世絵。歌川広重作の『名所江戸百景　小奈木川五本まつ』（国立国会図書館蔵）

元禄8年（1695）、猟師町は新たな名前をつけることになり、開拓に携わった人の名前をとって、黒江町、相川町、熊井町、富吉町、諸町《もろちょう》、清住町《きよすみちょう》、佐賀町、大島町《おおじまちょう》と命名された。その後、深川の漁業は、明治10年（1877）の「深川組魚問屋」の設立、「深川魚市場」を経てさらに活気づき、とくに明治から大正12年（1923）の震災まで開かれた黒江町の魚市場は、近海で獲れた魚介類を生け簀に入れ、活きのいい魚を夕方4時に売る、「黒江の夕河岸」として活気をみせた。市場は昭和9年（１９３４）に築地に統合されたが、漁は昭和30年代に漁業権を放棄するまで続いた。漁師たちの賄いから生まれた深川飯は、深川の名物として伝えられている。

義理と人情、気っ風の良さ 下町独特の気質が培われる

深川一帯がにぎわいを見せていくのにあわせて、江戸の町の人口は飛躍的に増えはじめ、幕府は、明暦元年（１６５５）に永代浦をゴミ投棄場に指定する。寛文年間（１６６１-１６７３）には、江戸市中から出るゴミの本格的な投棄が開始され、これにより永代浦は急速に埋め立てられていった。

深川はさらに大きく広がり、竪川《たてかわ》、境川、大横川、横十間川《よこじゅっけんがわ》、大島川、黒江川、仙台堀、油堀《あぶらぼり》、中之堀、亥之堀《いのほり》、さらに、六間堀、五間堀や、無名の枝川などの掘割が縦横に走る町へと成長していく。川岸には米、油、干鰯などをあつかう問屋や倉庫が建ち並び、商業地として栄えた。

木材をあつかう「木場」も同様に発展をみることになる。木場ができた発端は、慶長9年（１６０４）の江戸城修築であった。

材木の調達のため、全国からが呼び集められた材木商人には、江戸城修築のあと、その功績により材木商の免許が与えられた。彼らは日本橋や神田周辺で商いを始め、材木商が江戸に根付くこととなる。

その後も江戸の町は、寛永18年（１６４１）の桶屋火事や明暦の大火（１６５７）で築材を必要とし、大量の材木が江戸に運び込まれていく。大火の原因が高く積まれた材木の延焼だったこともあり、幕府は桶屋火事のあと、材木置場として今の佐賀町あたりであった、永代島を指定する。ここが木場（のちに元木場）となり、地名の由来となった。

さらに幕府は元禄12年（１６９９）、隅田

毎年10月中旬に木場公園で開催される江東区民まつり中央まつりでは、木場の角乗が披露される。（写真提供：江東区地域振興部文化観光課）

川東岸の猿江に移転を命じたが、２年後の深川築地町の土地の払い下げをもって、材木問屋が協力して土手をつくり、６本の堀をめぐらし、10カ所の橋を架け、材木の集積場として「深川木場」が整備された。

　火事が多い江戸では材木の需要が多く、巨額の富を築く材木商を生んだ。その代表格が紀伊国屋文左衛門《きのくにやぶんざえもん》だ。この豪商の掘割に囲まれた風流な庭園をもつ屋敷は、いくつかの変遷を重ね、のちに清澄庭園となる。

　最近はめったにお目にかかれなくなった、木場の角乗《かくのり》は、「川並《かわなみ》」と呼ばれた筏師《いかだし》が、水に浮かぶ木材を鳶口《とびぐち》ひとつで器用に乗りこなす余技だ。ひと昔前なら、夕方になればどこともなく集まってきた材木業者が、丸太の一本乗りや角乗の稽古をし、それを眺める近所の人や近くで働く労働者たちの、威勢のいい喝采が掘割に響いたものだった。下町を代表するかつての風景である。

　このように、埋め立てによる開拓が、深川の街の形成と発展に大きな役割を果たしてきた。この頃、江戸の人口は推定１００万人を超え、世界一の大都市に発展する。深川も人口密度が高くなり、十軒長屋や二十軒長屋など、井戸や洗い場、トイレを共同とする集合住宅が増えていった。このプライバシーのない環境が、助け合いの精神を自然と生み、それが義理と人情の下町気質として定着していくことになる。

そういった下町の長屋には、大工、畳屋、瓦屋などの建築関係や、漆、金物、染色などの職人が多く住んだ。また、深川には漁業に携わる人も多かったこともあり、威勢がよくて気っ風がいい、下町独特の性格が培われていった。

門前町の花街として栄える
戦後は遊郭「洲崎パラダイス」に

大火のあとの江戸の整備拡張に伴い、深川一帯はさらに開発が進む。武家の下屋敷が建つようになり、中心部から寺社の移転も行われた。現在でも、新大橋と永代通りの間には多数の寺社が集中している。寺社が多いということはそこで行われる行事も多くなり、とくに祭りはかなりの人出でにぎわうようになる。なかでも、江戸三大祭りのひとつ「深川八幡祭」で有名なのが、富岡八幡宮だ。

深川を象徴するこの神社は寛永4年（1627）に、別当永代寺の開祖である長盛上人《ちょうせいしょうにん》が永代島の埋め立てを行い、建立された。長盛上人はその際、用地の半分以上を居住区として開放し、周辺は門前町として栄えていく。

現在の門前仲町界隈となるこの門前町は、元禄年間（1688‐1704）以降、さらなる発展をみせる。源氏の氏神として将軍から手厚い保護をうけた富岡八幡宮は、勧進相撲興行や富クジ興行を許され、それらは江戸庶民の間で人気を呼んだ。元禄6年（1693）に新大橋、同11年に永代橋が架けられると、参拝客が増え、それに伴い数多くの料亭も建ち、富岡門前の茶屋は、釣りや磯遊びなどの遊興客でにぎわった。やがて、料亭から派生して花街が生まれ、八幡宮を中心に、仲町、土橋《どばし》、新地《しんち》、櫓下《やぐらした》、裾継《すそつぎ》、石場《いしば》、佃の7カ所の花街が形成された。

幕府公認の格式のある遊郭「吉原」に対して、非公認の花街は「岡場所」と呼ばれた。その当時の江戸には、品川、内藤新宿、板橋、

千住、根津や本郷など幾つもの岡場所があり、「品川心中」など落語の噺にもしばしば登場する。なかでも仲町の岡場所は、吉原に対して負けず劣らずの人気を博した。

女が大門からいっさい出られない吉原と違い、花見や祭りなど四季折々の行事に女たちを連れ出すことができ、また、そのいでたちも絢爛豪華な吉原に対して、衣装も化粧も淡白で、その気安さと下町ならではの気っ風のよさや自由があった。

活気のあった仲町の花街であったが、天和2年（1682）の大火によって一旦焼失する。しかし、元禄10年（1697）に復建したあとは、元禄の好景気に後押しされるかたちで、踊りや唄で客を楽しませる華やかな芸者が生まれることとなる。俗にいう「辰巳芸者」である。その名は、江戸城から見て辰巳（南東）の方角にあることから命名されたといわれるが、深川の気が荒い客相手に培った度胸、そして何よりも粋《いき》を重んじる彼女らの立ち振る舞いは、いなせな江戸の男たちを魅了した。

この界隈の花街への出入りは、掘割を利用した船が主だったという。とっぷりと日が暮れた門前町に、遊客を乗せた屋形船が掘割を流れて行く、そしてそれを迎える辰巳芸者。当時は、こういった光景がそこかしこで見られたことだろう。

深川の花街がもっとも華やかだったのは、文化、文政から天保にかけてであった。老中・水野越前守忠邦《みずのえちぜんのかみただくに》による天保の大改革で一時的に消滅をみるが、忠邦の失脚ののち復興し、深川の花街は、再び活況を呈することとなる。

このように続いた江戸の花街ではあるが、明治5年（1872）に芸娼妓解放令が発令されると、岡場所は一気に消滅に追い込まれる。しかし唯一、「芸は売るが身だけは売らない」という心意気をもった辰巳芸者だけは、柳橋へ移るなどして生き残り、その後も、芳町、新橋、赤坂などに伝統が引き継がれ、派生していった。

明治時代に入ると、小名木川の川沿いには繊維工場が増え、蒸気船が行き来し、高橋には乗り合い線の発着所もできるなど、船が市民の足となって活躍した。水上交通が発達し、労働力が豊富だった深川周辺には、日本最初のセメント製造、化学肥料工業、精製糖工業などが生まれ、近代日本の工業発展の地として栄えた。また、明治19年（1886）、深川佐賀町に「東京廻米問屋市場」が設置され、深川は再び活況を取り戻す。

それとときを同じくして、明治21年（1888）、東京市が洲崎弁天の東側の湿地を整備して、本郷根津の貸座敷を移転させてつくったのが、洲崎弁天町の洲崎遊郭だ。今の東陽一丁目あたりになる。戦後は、「洲崎パラダイス」として廓が並びにぎわうようになり、昭和31年（1956）には川島雄三監督、新珠三千代・三橋達也主演による『洲崎パラダイス赤信号』（日活）の映画も公開された。

洲崎遊郭でも一等店だった大賀楼。当時を偲ぶ屋号やタイル張りの円柱などの姿はもう残っていない。

しかし、2年後の昭和33年（1958）に売春禁止法が施行されると、遊郭は姿を消し、江戸時代から脈々と続いた深川花街の歴史は幕を閉じることになった。

平成になっても、洲崎パラダイス跡には「大賀楼（タイガー楼）」などのカフェー時代の建築物がいくつか残っていたが、東日本大震災などの影響もあり、ほとんどが解体されてしまった。現在では、花街や遊郭を偲ばせる雰囲気はまったく残っていない。

激動の時代を経て、深川の魂は受け継がれていく

元は湿地帯の開拓から始まり、繁栄していった深川。度重なる江戸の大火や洪水、戦災を経て、街の様子はその都度変わってきた。明治43年（１９１０）の大洪水と、大正12年（１９２３）の関東大震災では壊滅的な被害を受け、とくに震災時の火災により、江戸から続いた町並みはほぼ全焼した。さらに、昭和20年（１９４５）の東京大空襲では、この一帯だけでも2万人以上が亡くなり、深川は焼け野原の焦土と化し、再び町は焼失する。

戦後の復興により街は再建され、深川は新たに生まれ変わる。森下周辺は労働者の町として栄え、簡易宿が建ち並ぶドヤ街に発展した。その界隈にあった高橋商店街には、映画館や演芸場が建ち、今の門前仲町よりもにぎわっていたという。木場には、昭和51年（１９７６）に新木場への移転が完了するまで材木集積場が残り、それらで働く多くの職人や労働者が住み、今なお下町の気質と雰囲気をこの界隈に色濃く残している。

現在の深川の地名は、昭和16年（１９４１）、亀住町《かめずみちょう》と和倉町、万年町、冬木町の一部を合併してできた「深川町」の町名だけしか残っていない。地域の中心であった「深川門前仲町」も、地名改正により「門前仲町」に変わってしまった。

しかしそれでも、その魂や誇りはこの地域に根ざしており、下町酒場や深川八幡祭などにそれを垣間見ることができる。

街を散策してみれば、河の橋のたもとにある船宿に屋形船がゆらゆらし、路地を歩けば戦災をくぐり抜けた建物や、道として埋められてしまった数々の掘割の形跡を見つけることもできるだろう。江戸時代から平成へと時を経ても、「深川」は東京に確かな存在感を放ち続けている。

「高尾山」物語

市街地に近い山でありながら、豊かな自然環境をもつ「高尾山」は、〝奇跡の山〟と呼ばれている。このような多種多様な生態系が残っているのは、この山がさまざまな理由で保護されてきたからにほかならない。

時の権力者たちに寺域として「山」が守られる

高尾山は、天平16年（７４４）、奈良時代に名を馳せた高僧・行基《ぎょうき》により開山され、山腹に高尾山薬王院が創建される。以後、平安時代、鎌倉時代、南北朝時代と、約６３０年間の長い年月が過ぎるなか寺は荒廃していくが、永和2年（１３７６）、京都山城国醍醐山の高僧・沙門俊源《しゃもんしゅんげん》が入山し寺を再建する。高尾山は修験道の霊場となり、山は寺域《じいき》として、森林が守られることとなる。

戦国時代に入ると高尾山のある武蔵国は、後北条氏《ごほうじょうし》の勢力範囲となる。当時、八王子が北の防衛線だったこともあり、後北条氏3代目当主・氏康《うじやす》と高尾山との関係は密接なものとなった。永禄3年（１５６０）、高尾山を崇拝する氏康は薬師堂の修復料として土地を寄進し、元亀元年（１５７０）に宝篋印塔《ほうきょういんとう》（唐銅五重塔）を建立する。この塔は、江戸時代中期の大嵐で倒壊し、文化8年（１８１１）に、信者であった江戸の職人、清八《せいはち》が浄財を募り青銅製の五重塔を再建するも、第二次大戦時の金属供出のため徴収され、今はその姿を臨むことはできない。

天正3年（１５７５）には、のちの八王子城主・北条氏照《うじてる》が寺領を寄進し、3年後に竹林伐採禁止の制札を出すなど、高尾山は周辺の実力者たちに手厚く庇護を受ける。しかし、北条氏が豊臣秀吉に敗れたあとは、一転、衰退の時期を迎える。

江戸時代に入ると世の中も落ち着き、高尾山は多くの参詣客でにぎわいを見せるようになる。寛永年間（1624‐1644）、第10世・堯秀《ぎょうしゅう》により、薬師堂、大日堂、護摩堂、鐘楼、仁王門が建立されるなど、境内の整備もされていく。

慶安元年（1648）、幕府は寺領を一旦とりあげたのちに再分配する政策をとり、第11世・祐清《ゆうせい》の代に、徳川家より御朱印寺領75石を賜る。幕府は、高尾山の統治を保証し寺院の整備を推進したが、同時に僧侶の統制を図る目的から、寺院諸法度を設けた。

以後、高尾山は幕府直轄領となり、幕府の財政基盤の充実を図るために、八王子代官・大久保長安《おおくぼながやす》が山林保護政策をとり、高尾山の山林の保護や植林を積極的に行った。

江戸時代の高尾山の表参道は蛇滝口であった。小仏峠に向かう旧甲州街道が主たる登山道で、金比羅台《こんぴらだい》へ続く道は今や廃道となっている。高尾駅の近くにある「小仏関跡」は、江戸への出入りを厳しく取り締まった関所があった場所で、当時の旧道の様子が偲ばれる。

天平16年（744年）に創建の高尾山薬王院。高尾山の歴史は薬王院の歴史そのものでもある。

さまざまな危機に面しつつ今なお残る豊かな自然

徳川幕府が倒れ明治時代になると、寺領であった土地の大半は没収され、明治22年（1889）帝室御料林となる。近代化の波が押し寄せるなか、同年、新宿と八王子の間に甲武鉄道が開通し、新たな交通手段の登場により、高尾山周辺は大きく変化していく。

大正5年（1916）には、京王電気軌道（現在の京王電鉄）の新宿から府中までが開通する。さらに大正14年（1925）、玉南電気鉄道が東八王子と府中間を結び、昭和2年（1927）には山頂まで登るケーブルカーが営業を開始。高尾山への便は格段とよくなり、以前にも増して参拝客が訪れるようになった。

昭和初期はスキー場もあり、昭和15年（1940）には、開催返上となった東京オリンピックの観光用に、「稲荷山コース」がつくられるなど、行楽地としても脚光を浴びる。

しかし、第二次大戦に入ると、高尾山の自然は危機を迎えることとなる。軍艦の甲板の板張りなどに、参道の木が大量に切り出されたのだ。その当時の切り株は、1号路のあちこちに今も見ることができる。

戦争末期になると、高尾山の山腹に大防空壕が掘られ、のちにその場所は中島飛行機浅川工場が建設されるなど、高尾山の麓には武

高尾山のケーブルカーは昭和2年に営業開始。写真は当時の観月橋（かんげつきょう）の上を走っている姿。（写真提供：高尾登山電鉄株式会社）

器工場が建ち並ぶようになる。やがて、戦況が悪化すると八王子周辺にも爆撃が行われ、高尾山の麓にも被害が及んだ。機銃掃射による弾痕のあるレールは、今も柱として高尾駅の1、2番線ホームに残されている。

戦後には、戦争で焼失した家屋の再建のために、全国の山林から材木の切り出しが始まり、高尾山でも大量の木々が伐採されていった。それでも、戦争の影響で営業を停止していたケーブルカーが昭和24年（１９４９）に復活すると、高尾山に訪れる人は増加し、次第に活況を呈するようになっていく。

高尾山は昭和25年（１９５０）に、東京都立高尾山自然公園となり、昭和42年（１９６７）には明治の森高尾国定公園に指定される。国有林として高尾山の森林は再び保護を受けることになった。

ところが、昭和59年（１９８４）、高尾山を直径10ｍのトンネル２本で貫くという、圏央道（首都圏中央連絡自動車道）の建設計画が発表された。

高尾山の自然環境の危機に、次々と建設反対の市民運動団体が誕生し、平成12年（２０００）、国や道路公団を相手に高尾山天狗裁判が起こる。八王子市の住民ら約１３００人と７つの自然保護団体が、国などを相手取って建設工事差し止めを求めたこの裁判は、平成24年（２０１２）３月、トンネルが開通した同年に敗訴が確定する。計画発表の28年後だった。

トンネル建設からは山を守ることはできなかったが、それでも、多くの人の思いと声が、これからも高尾山の自然を守ってゆくことだろう。開山以来時代を経て、時の権力者や周辺の住人などさまざまな人たちに守られてきた高尾山。大都会の近郊とは思えない豊かな自然は、その証である。山に分け入れば、１３００年近くこの山と自然を愛し、そして触れ合ってきた先人たちの思いが、木霊《こだま》として聞こえてきそうだ。

吉祥寺〜井の頭〜三鷹
散歩地図

三鷹地図

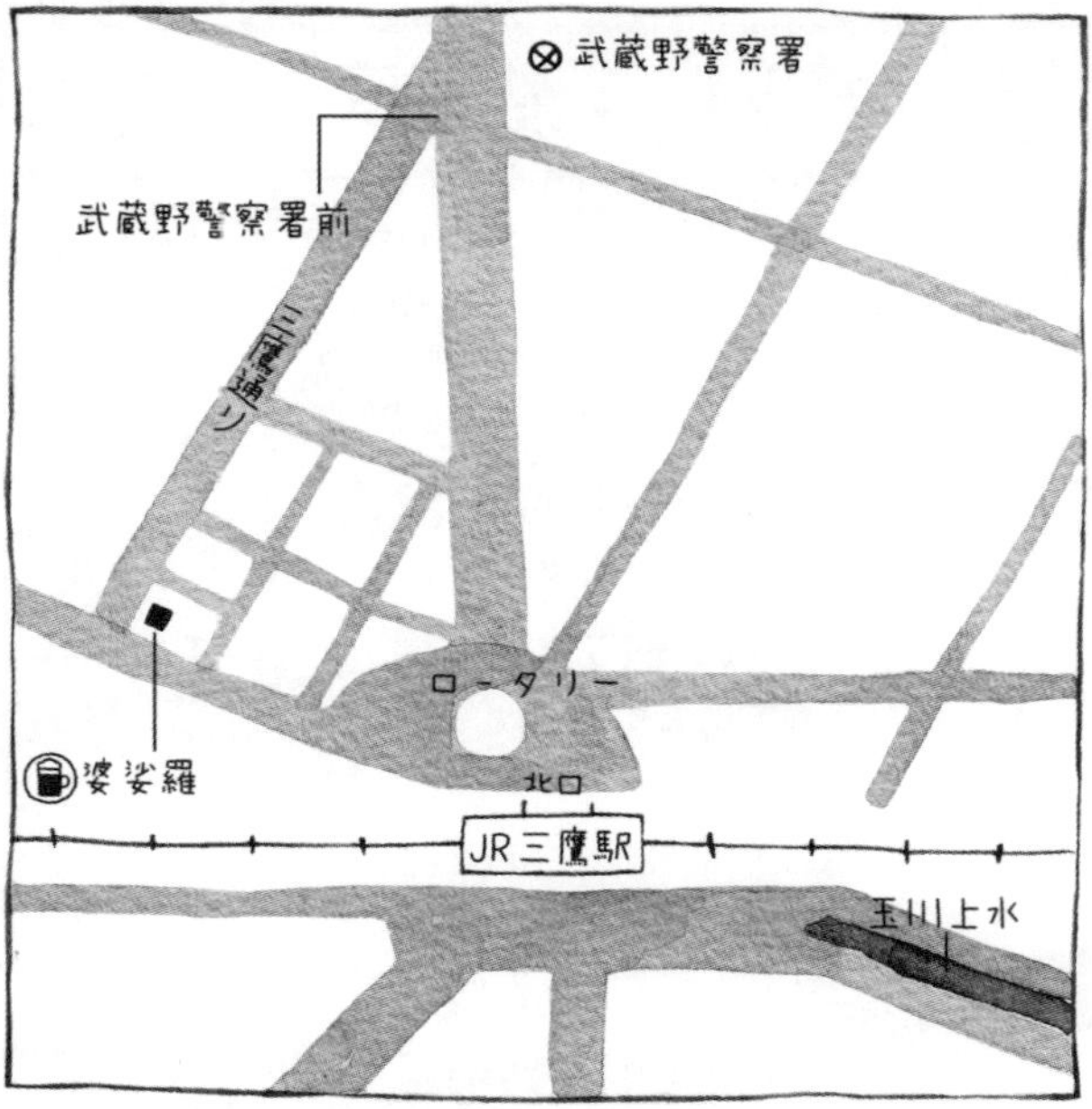

武蔵野警察署
武蔵野警察署前
三鷹通り
ロータリー
婆娑羅
北口
JR三鷹駅
玉川上水

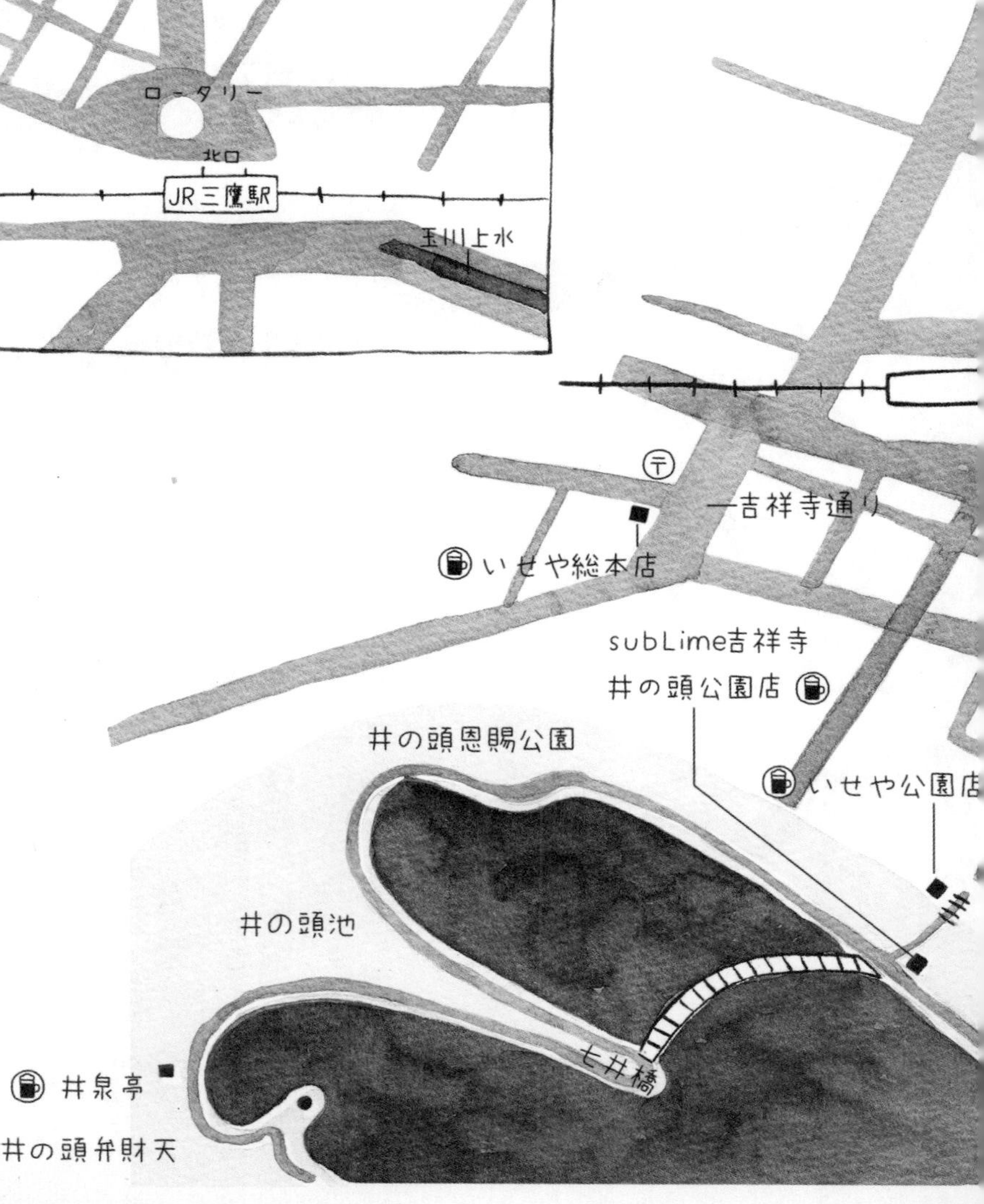

N
吉祥寺通り
いせや総本店
subLime吉祥寺
井の頭公園店
井の頭恩賜公園
いせや公園店
井の頭池
七井橋
井泉亭
井の頭弁財天

門前仲町〜森下〜浅草
散歩地図

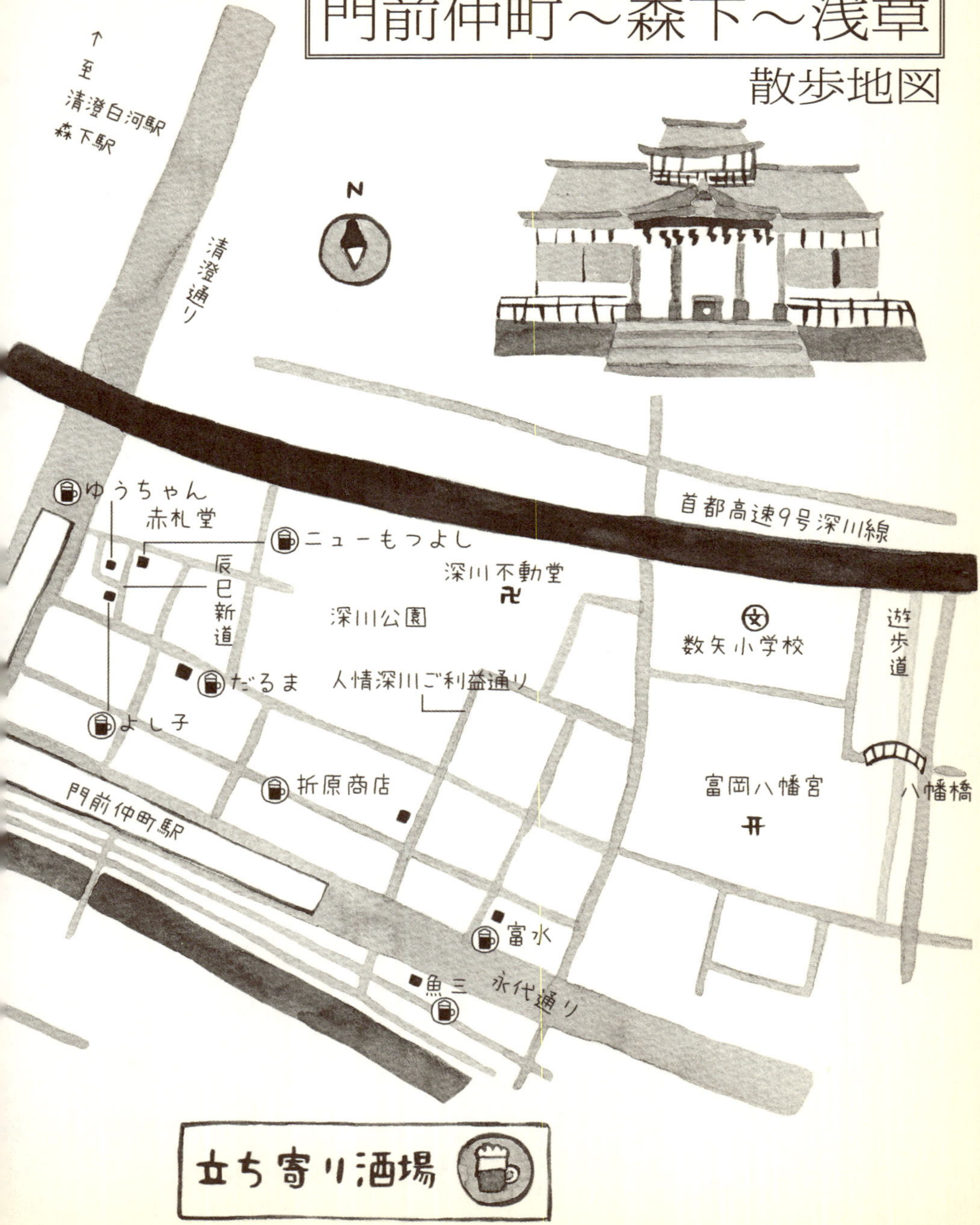

浅草地図

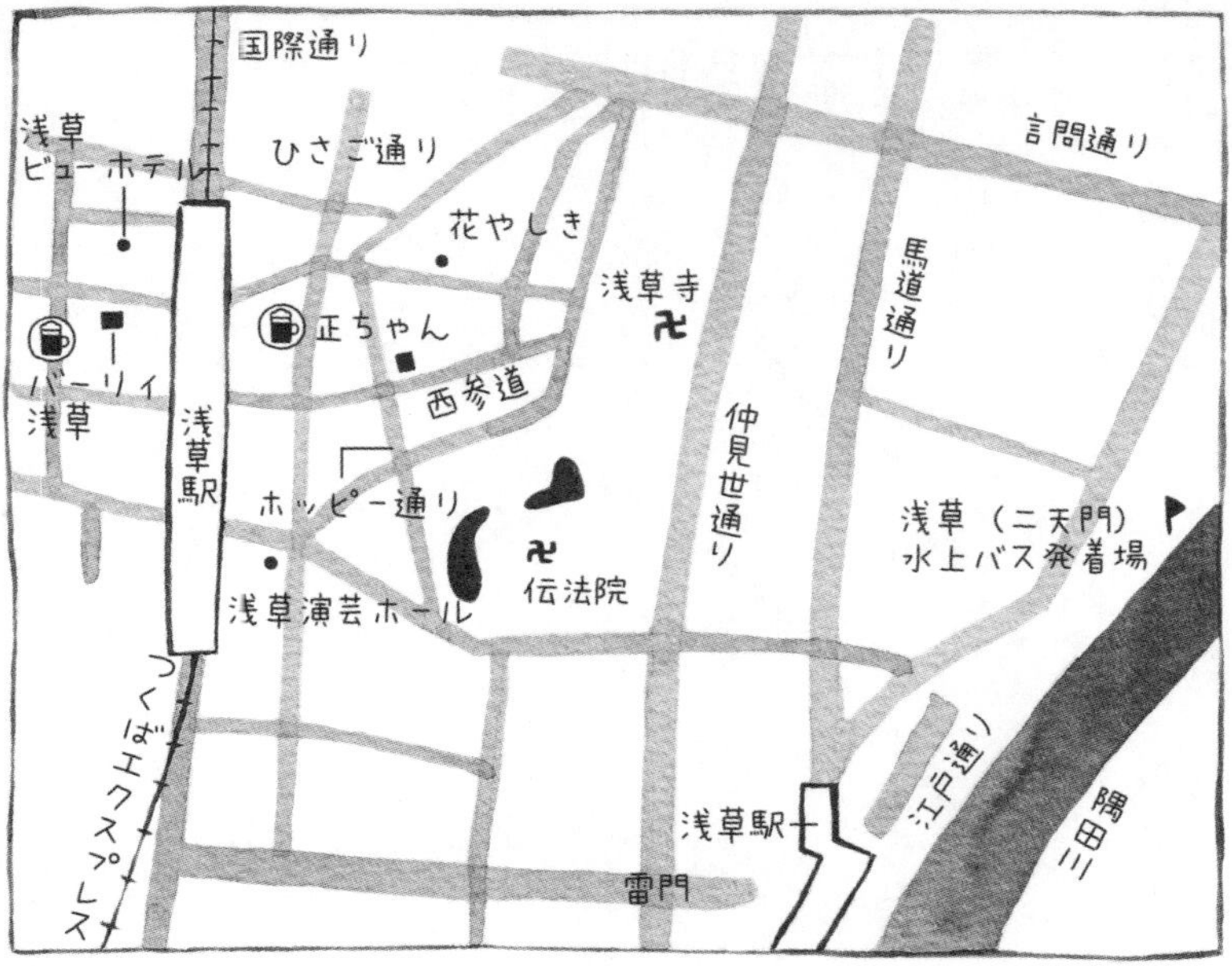

国際通り
浅草
ビューホテル
ひさご通り
花やしき
言問通り
浅草寺
馬道通り
正ちゃん
バーリィ
浅草
西参道
浅草駅
仲見世通り
ホッピー通り
浅草（二天門）
水上バス発着場
伝法院
浅草演芸ホール
つくばエクスプレス
江戸通り
浅草駅
隅田川
雷門

森下地図

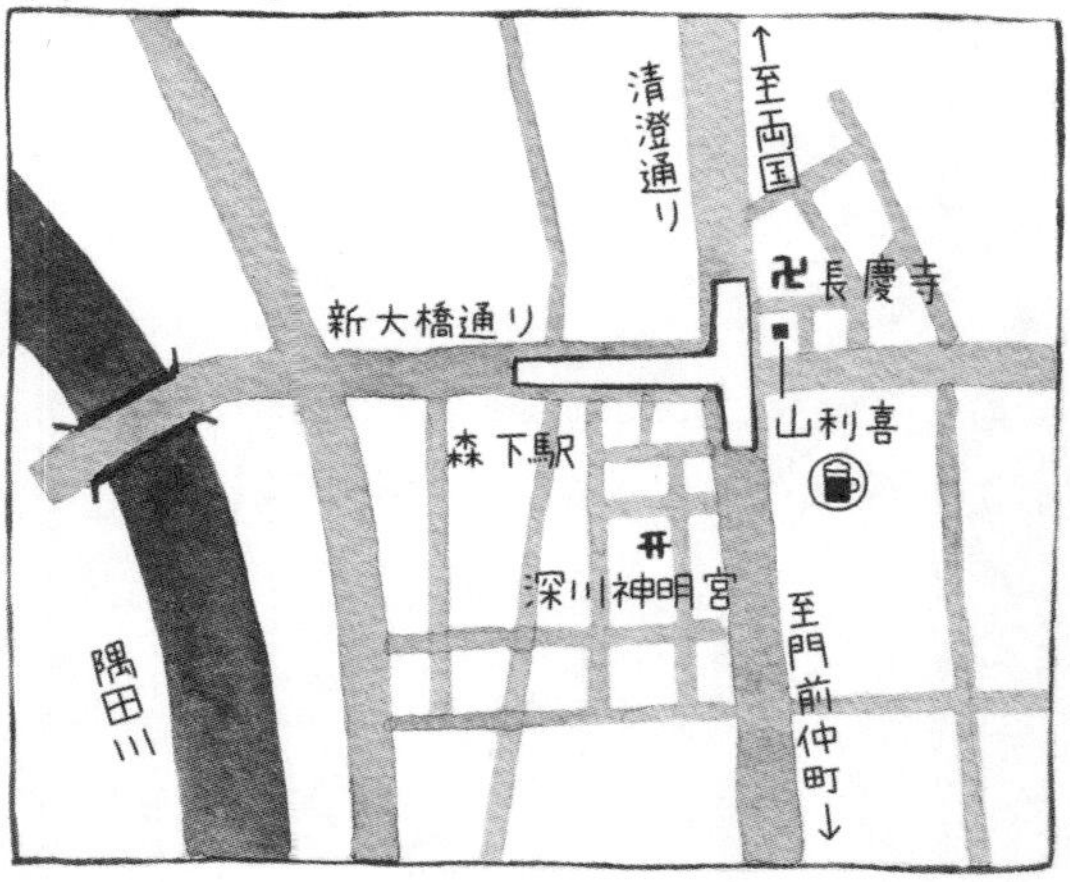

清澄通り
↑至両国
長慶寺
新大橋通り
山利喜
森下駅
深川神明宮
至門前仲町↓
隅田川

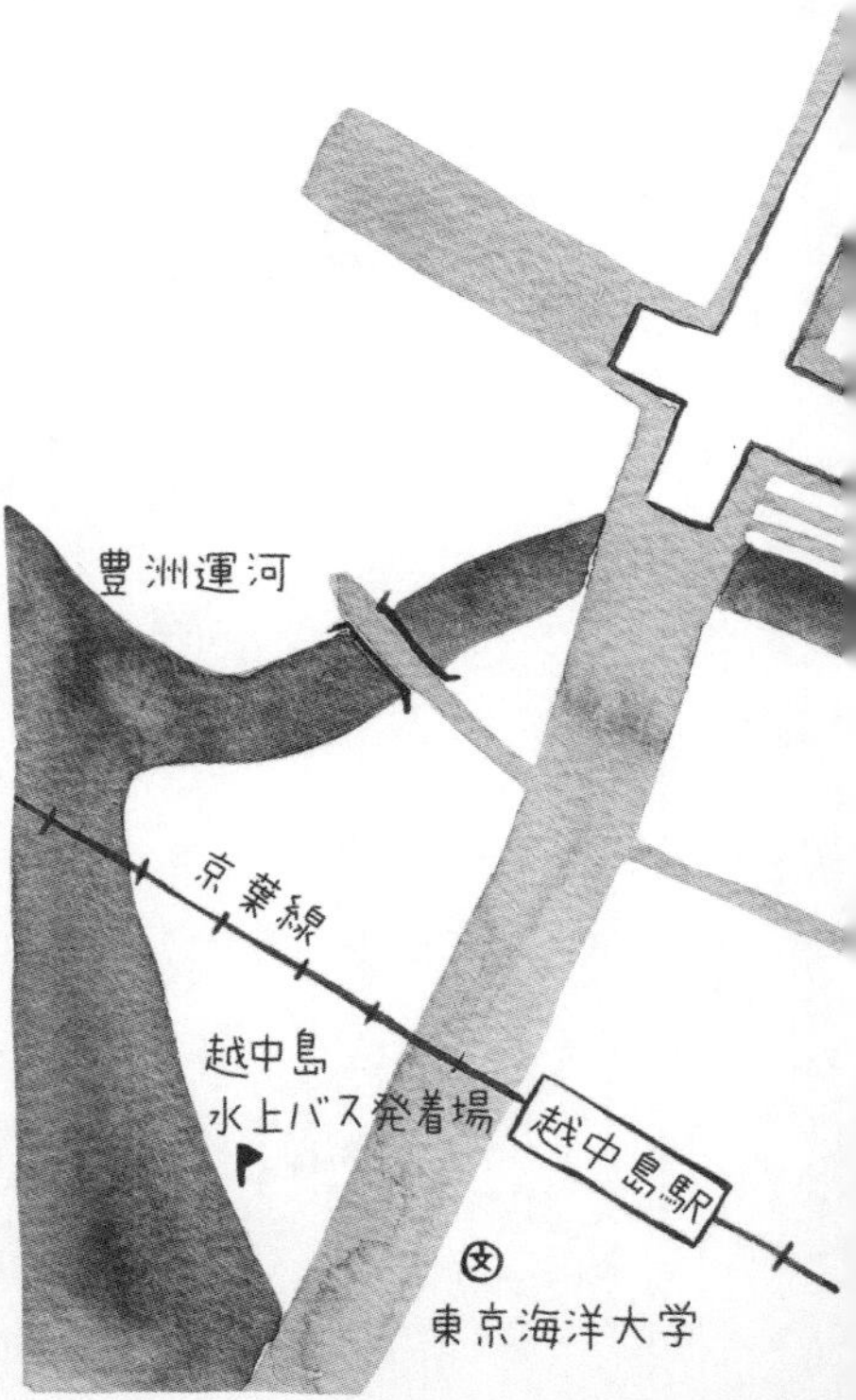

豊洲運河
京葉線
越中島
水上バス発着場
越中島駅
東京海洋大学

高尾山 周辺茶屋地図

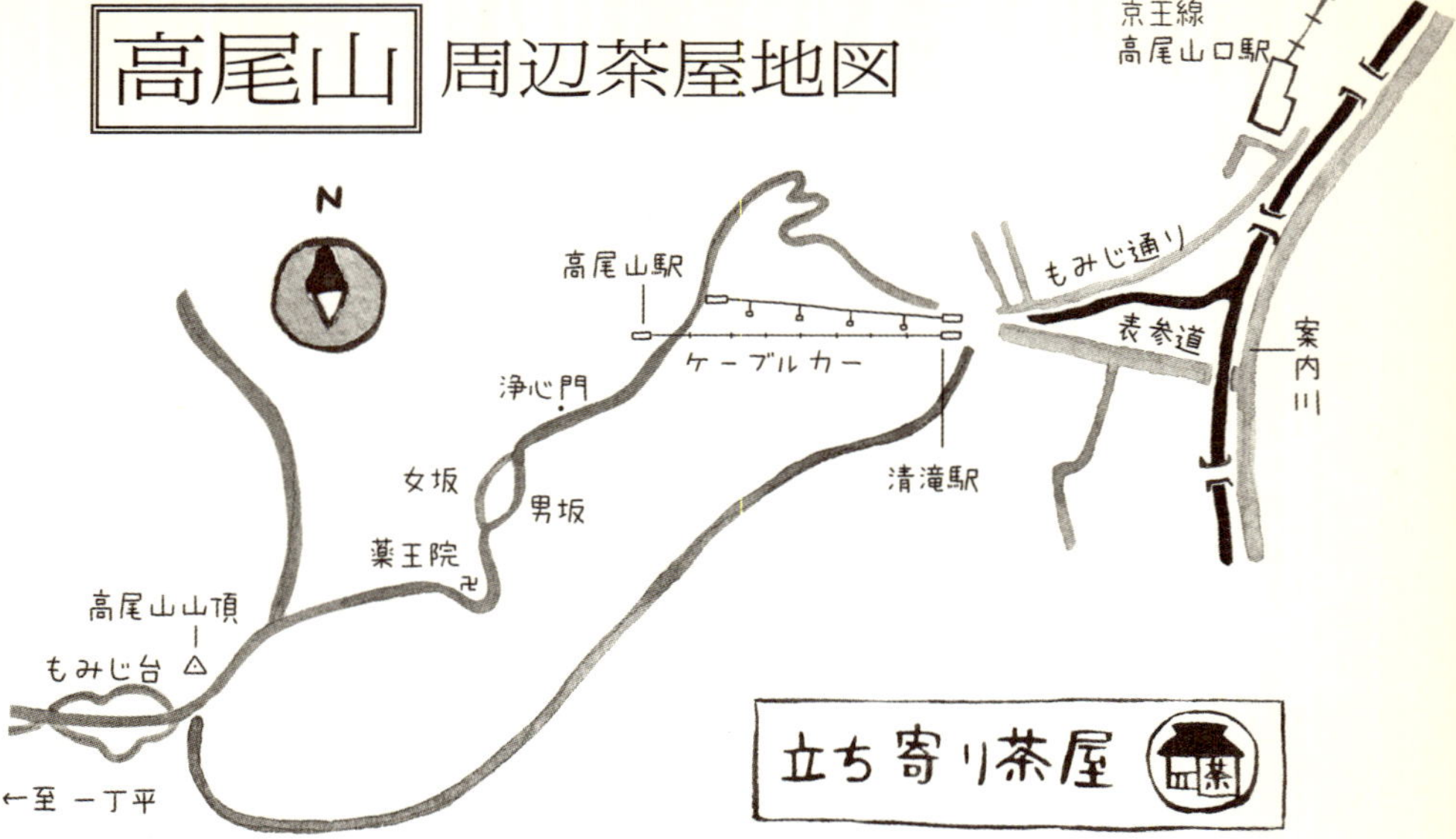

立ち寄り茶屋

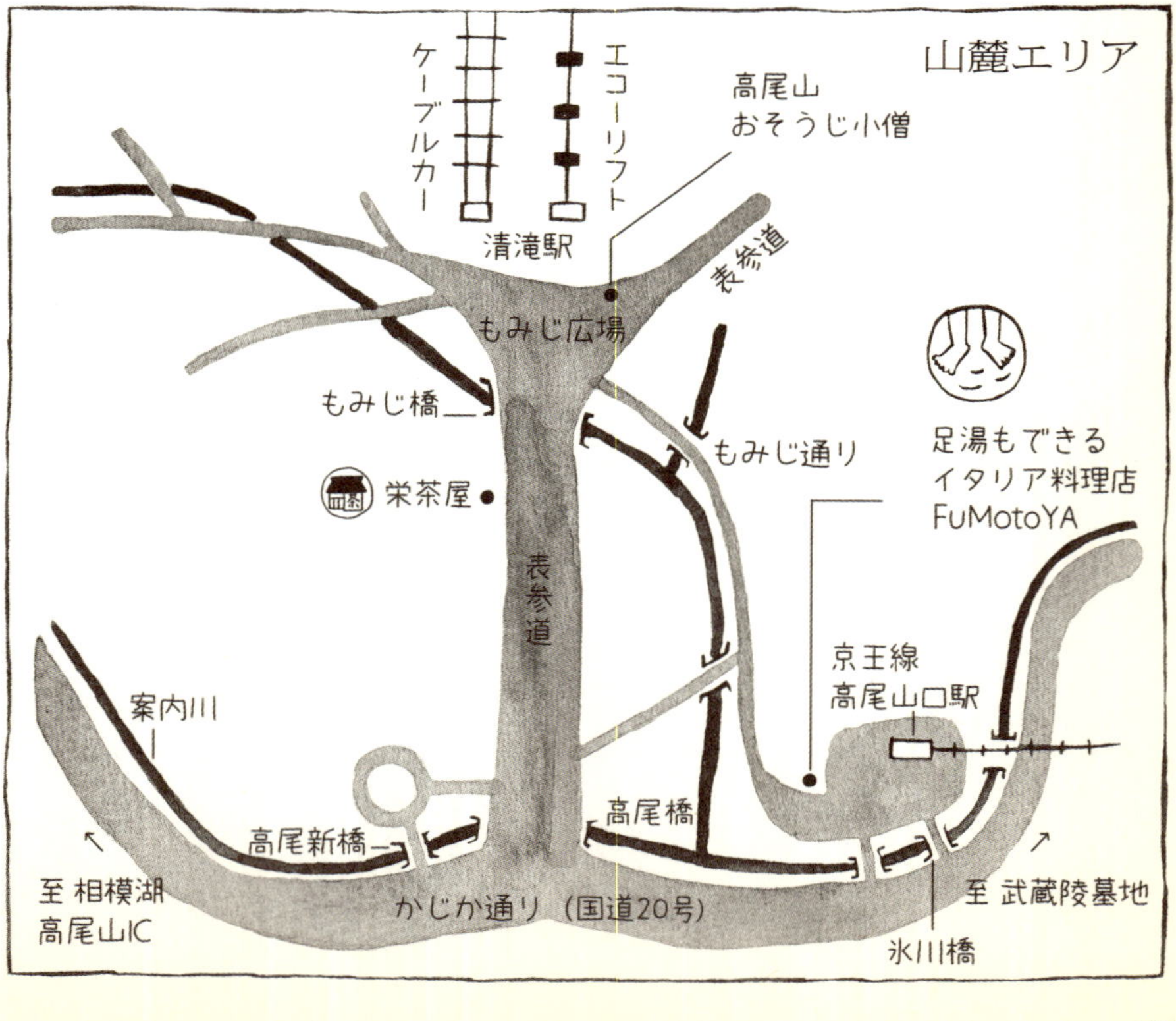

山頂エリア拡大

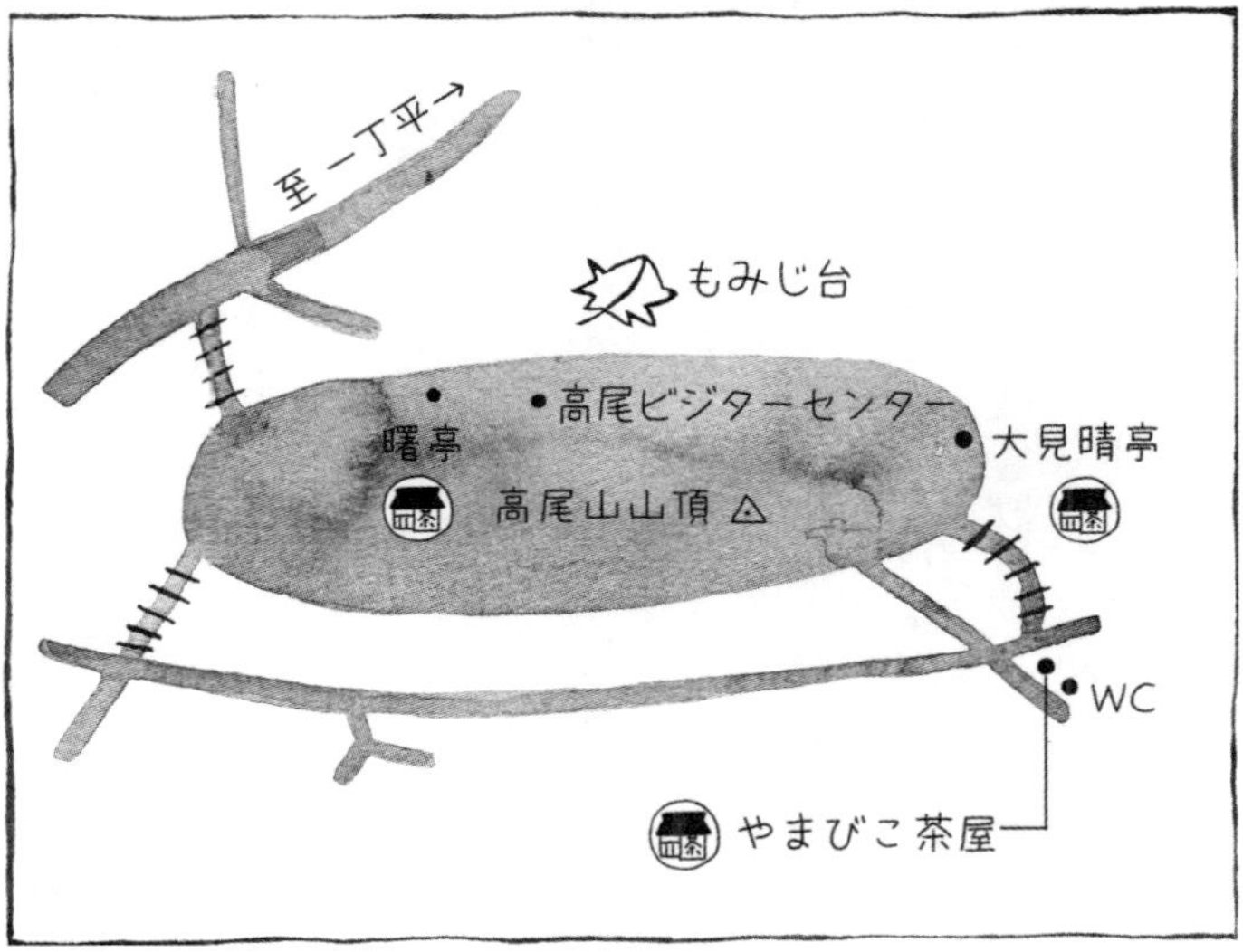

ケーブルカー高尾山駅～薬王院エリア拡大

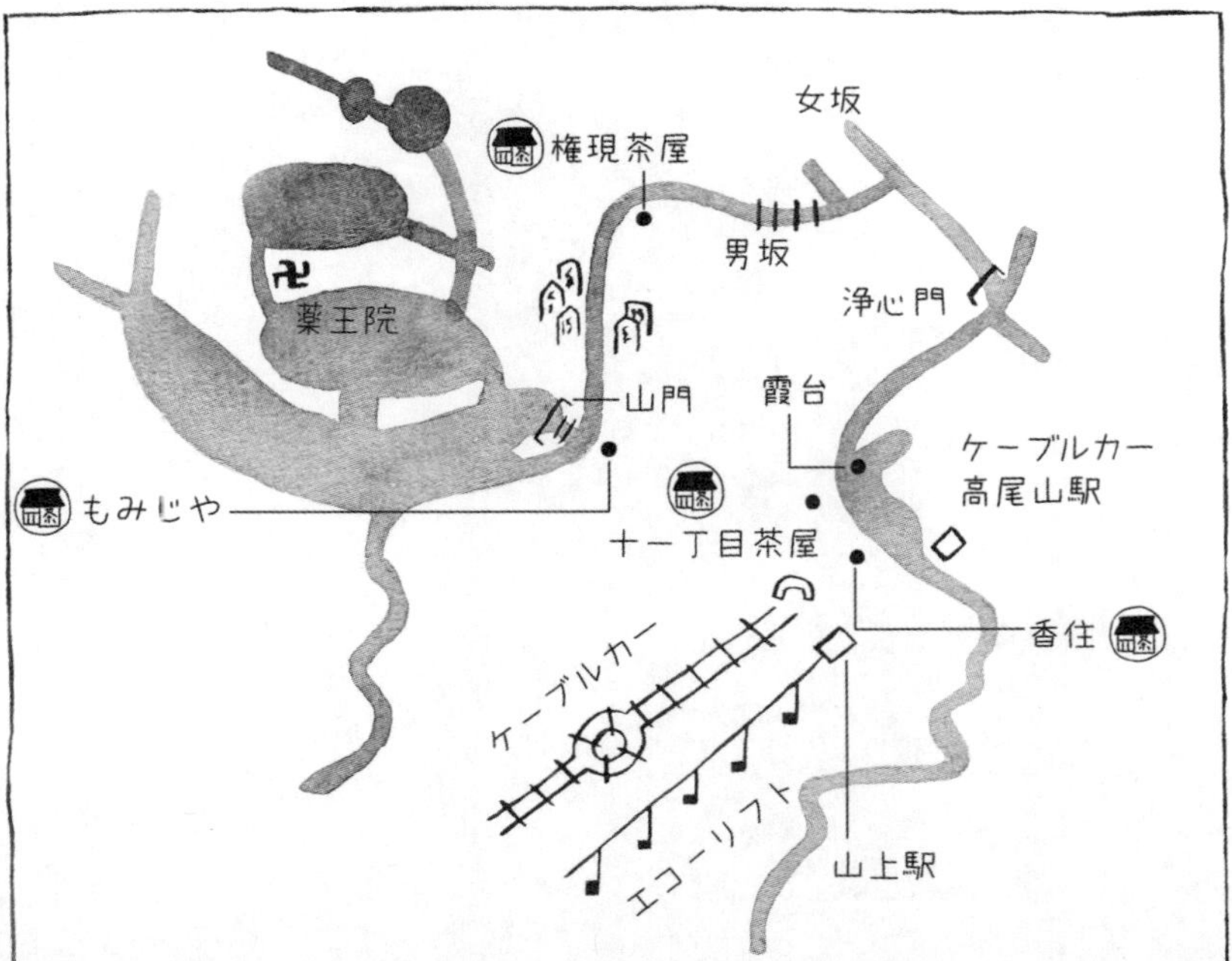

おわりに

「吉田類は、自由だ」

今回、類さんと馴染み深い、３つの街（ひとつは山だが）を一緒に散策して、一番に感じたことである。

いつもビシッと決めている服装を見てもわかるとおり、類さんはこだわりの人である。掲載している散歩コースや見どころ、おすすめの酒場は、すべて厳選に厳選を重ねたものばかりだ。本書を読み、実際にそこに足を運んでもらえれば、新しい発見がきっとあるだろう。

ただ、類さんが一番に伝えたかったこ

とは恐らく、「いろいろ考えるより、まずは楽しくないとね」ではないだろうか。好奇心を何歳になっても保ち、ワクワクしながら街を歩く。のどが渇いたら、ちょいと一杯できるところを探す。別に何時からだってかまやしない。そんな「自由な散歩」こそ、大人の愉しみなんだと。

最後になったが、今回取材にご協力いただいた皆様に御礼の言葉を述べたい。我々を温かく迎えていただき、本当にありがとうございました。街を愛する気持ちを教わりました。

それでは、類さんとまた「散歩酒」に出かける日まで。

「吉田類の散歩酒」スタッフ一同

参考文献

○原田興一郎(2002)『東京 江戸紀行』実業の日本社
○街と暮らし社編集部(2010)『改訂版 江戸・東京—歴史の散歩道1:中央区・台東区・墨田区・江東区』(江戸東京文庫1:江戸の名残と情緒の探訪)街と暮らし社
○藤沢周平・松川公一ほか(1990)『深川江戸散歩』新潮社
○下町タイムス社編(1987)『古老が語る江東区の町並みと人々の暮らし〈上〉』(江戸ふるさと文庫)東京都江東区総務部広報課
○竹内誠編(2009)『東京の消えた地名辞典』東京堂出版
○鈴木理生(1989)『江戸の川・東京の川』井上書院
○毎日出版企画社(1983)『東京下町の昭和史』毎日新聞社
○斉藤徹(2013)『吉祥寺が「いま一番住みたい街」になった理由』ぶんしん出版
○井上健一郎(2015)『吉祥寺「ハモニカ横丁」物語』国書刊行会
○桜井正信(1966)『歴史と風土—武蔵野』社会思想社
○桜井正信(1980)『歴史細見—武蔵野』八坂書房
○前島康彦(1980)『井の頭公園』郷学舎
○外山徹(2011)『武州高尾山の歴史と信仰』同成社
○滝野孝ほか(1981)『高尾山探訪』(東京都公園協会監修・東京公園文庫24)郷学舎
○遠藤進(2012)『高尾山おもしろ百科』揺籃社
○酒井喜久子(1994)『命の山・高尾山』朝日ソノラマ

STAFF

デザイン　金井久幸、髙橋美緒[TwoThree]
企画構成・文　小林幸枝　井澤俊二
撮影　橋詰芳房
イラスト　石村ともこ
校閲　鷗来堂
編集担当　飯田祐士

PROFILE

吉田類 (Rui Yoshida)

高知県出身。イラストレーター、エッセイスト、俳人。酒場と旅をテーマに執筆活動を続ける。BS-TBSの長寿番組「吉田類の酒場放浪記」でお馴染み。そのほか、ラジオや各メディアで幅広く活動中。著書は、『酒場詩人の流儀』(中央公論新社)、『酒場歳時記』(NHK出版)、『酒場詩人・吉田類の旅と酒場俳句』(KADOKAWA)ほか多数。

吉田類の散歩酒

編　者　吉田類

発行人　倉次辰男

発行所　株式会社主婦と生活社
〒104-8357
東京都中央区京橋3-5-7
TEL.03-3563-5121(販売部)
TEL.03-3563-5058(編集部)
TEL.03-3563-5125(生産部)
http://www.shufu.co.jp

印刷所　太陽印刷工業株式会社

製本所　小泉製本株式会社

ISBN 978-4-391-14706-3